汽车解剖书

图解汽车结构·原理·制造

（日）繁浩太郎 著

金春实 译

化学工业出版社

·北京·

这是一本汽车知识的科普书，本书通过图解的方式，系统介绍了汽车的发展历史、结构组成、工作原理、生产制造、未来新技术以及新能源汽车。每两页一个主题，系统全面，设有知识链接小专栏，为读者提供延伸阅读。

本书以精美细致的图片，向读者解剖汽车的方方面面，既可帮助汽车爱好者系统了解汽车知识，也可供汽车行业从业人员、汽车编辑记者、汽车专业学生等阅读学习。

JIDOSHA KAIBO MANUAL by Kotaro Shige
Copyright © 2015 Kotaro Shige
All rights reserved.

Original Japanese edition published by Gijyutsu-Hyoron Co., Ltd., Tokyo
This Simplified Chinese language edition published by arrangement with Gijyutsu-Hyoron Co., Ltd., Tokyo in care of Tuttle-Mori Agency, Inc., Tokyo through Beijing Kareka Consultation Center, Beijing

北京市版权局著作权合同登记号：01-2016-6899

图书在版编目（CIP）数据

汽车解剖书：图解汽车结构·原理·制造／（日）繁浩太郎著；金春实译．—北京：化学工业出版社，2018.1（2025.4重印）
ISBN 978-7-122-31147-4

Ⅰ.①汽… Ⅱ.①繁…②金… Ⅲ.①汽车-结构-职业教育-图解②汽车-理论-图解③汽车-生产工艺-图解 Ⅳ.①U46-64

中国版本图书馆CIP数据核字（2017）第302313号

责任编辑：陈景薇　　　　　　　　　　　　　装帧设计：尹琳琳
责任校对：宋　夏

出版发行：化学工业出版社（北京市东城区青年湖南街13号　邮政编码100011）
印　　装：中煤（北京）印务有限公司
787mm×1092mm　1/16　印张8　字数235千字　2025年4月北京第1版第9次印刷

购书咨询：010-64518888　　　　　　　　　售后服务：010-64518899
网　　址：http://www.cip.com.cn
凡购买本书，如有缺损质量问题，本社销售中心负责调换。

定　　价：58.00元　　　　　　　　　　　　　　　　　　　　版权所有　违者必究

前　言

汽车产业作为日本基础产业之一，在20世纪的高速成长期引领了整个日本工业。现在仍然作为基础输出产业进军海外，在全球汽车市场上持续成长。

汽车作为先进产业，引领各时代的先进技术。汽车的生产制造采用了多种先进技术，从钢铁、塑胶的加工技术到计算机互联网技术。

汽车除了由汽车主机厂完成组装制造，还有很多部件是在其他零部件供应商处完成制造的。直接给汽车主机厂提供零部件的叫作一级供应商；一级供应商会从很多二级供应商处购买零部件；以此类推，二级供应商从三级供应商处购买产品的零部件……像这样，分工专业化的很多零部件制造商组成金字塔型结构分别协作运行，最终制造出一辆成品车，形成汽车的产业链。

汽车由多种原材料制成，如铁、铝、稀有金属、树脂、玻璃、橡胶、油漆、布料等。因此各零部件供应商和各种各样的原材料厂商合作生产汽车零部件，且制造方法也多种多样。在制造阶段，汽车主机厂、原材料供应商及众多零部件供应商，都在通过减少二氧化碳的排放等方式为保护环境做出努力。

汽车作为陆地交通，在酷暑地区、寒冷地区、沙漠及高原都能畅通行驶。因为汽车搭载的是人，是与生命有关的产品，所以在设计、制造、销售过程中需要格外的谨慎细心。

现如今，汽车产业是与人们的生活息息相关的产业，其规模也很大。本书就是对汽车的结构、原理与制造进行详细解说，希望能够帮助大家了解更多的汽车知识。

繁 浩太郎

阅读说明

本书通过图片向读者展示汽车的相关知识，边看边学习。书中主要内容有汽车各部分的组成零部件及其结构、汽车制造工序流程、新能源环保汽车等知识。每一页由文字说明和相对应的结构原理图及实物照片图组成，帮助读者更好地了解汽车的世界。

主题
每两页一个主题，每翻一页就可以学到一个主题的相关知识

解说
从汽车的基本结构到深入的工作原理，采用图片与文字相结合的方式进行详细解说

知识链接
正文解说中没有涉及的内容或延伸小知识，都将会在知识链接的小专栏中进行介绍

目 录

绪论　汽车的历史

汽车的发展历程……………… 2

汽车的零部件………………… 4

汽车的驱动方式……………… 6

汽车的动力源………………… 8

小专栏　多种多样的车型……… 10

第 1 章　汽车的结构原理

发动机的结构………………… 12

发动机的工作原理…………… 14

配气机构……………………… 16

喷油系统……………………… 18

点火系统……………………… 20

进气系统和排气系统………… 22

启动系统和充电系统………… 24

冷却系统和增压器…………… 26

变速器——手动变速器……… 28

变速器——自动变速器……… 30

变速器——无级变速器和双离合器

　　　　自动变速器………… 32

底盘——基本构造…………… 34

底盘——动力总成…………… 36

底盘——轮胎………………… 38

底盘——车轮………………… 40

底盘——前悬架……………… 42

底盘——后悬架……………… 44

底盘——转向系统…………… 46

底盘——行车制动系统……… 48

底盘——驻车制动系统……… 50

车身——结构和材料………… 52

车身——车门和保险杠……… 54

车身——车窗和安全车身…… 56

汽车装备——构成和内饰…… 58

汽车装备——座椅和后视镜… 60

电气设备——电气元件和车灯… 62

电气设备——仪表和雨刷…… 64

电气设备——汽车导航系统和安全

　　　　气囊………………… 66

主动安全系统………………… 68

小专栏　小排量涡轮增压技术……… 70

第 2 章　汽车的生产制造

汽车的制造……………………………72

车身制造——冲压…………………74

车身制造——焊接…………………76

车身制造——涂装…………………78

车身制造——总装…………………80

辅助生产线——发动机……………82

辅助生产线——车门和仪表板

　　　　　　　总成……………84

成品车的检验………………………86

小专栏　汽车碰撞安全……………88

第 3 章　新能源汽车

纯电动汽车——构造………………90

纯电动汽车——电动机……………92

混合动力汽车——构造……………94

混合动力汽车——驱动联结方式………96

混合动力汽车——工作原理…………98

插电式混合动力汽车………………100

燃料电池汽车………………………102

燃料电池和蓄电池…………………104

环保汽车面临的问题………………106

小专栏　解决环保问题的历史……108

第 4 章　汽车未来的发展

汽车的未来——氢能源……………110

汽车的未来——无人驾驶…………112

汽车的未来——车联网……………114

驾驶的乐趣…………………………116

索引

绪论

汽车的历史

如今，汽车与我们的生活息息相关，人们上班、上学、旅游时需要轿车、公交车或出租车；货物运输需要卡车；还有些特种汽车用于紧急特殊的状况，如急救车和消防车等。社会的方方面面已离不开汽车。在绪论中，将介绍自汽车诞生以来所经历的变化以及汽车的各零部件，从多个方面讲述汽车的历史。

汽车的发展历程

汽车诞生于18世纪中期,至今为止经历了很多的变化;如今,汽车仍然在不停地发展变化中

▲ 1771年修复的2号车

1769年,蒸汽驱动的汽车在法国诞生,它最初的作用是牵引大炮,所以也被称为"居纽的炮车"

(图片来源:PPS通讯社)

汽车的诞生与发展

汽车诞生后很快就取代了马车成为人们日常出行的交通工具。汽车虽然与马车一样使用了轮子,但汽车轮子的形状和动力源有了很大的变化。

世界上最早的汽车是由法国制造的蒸汽车,以蒸汽机为动力,诞生于1769年。100多年后的19世纪80年代初,德国的戴姆勒和奔驰在同一时期完成了最早的汽油发动机汽车。1913年,美国的福特开发了通过传送带批量生产汽车的流水线,因此汽车的价格大幅下降,随后在全球范围内广泛推广。汽车以批量生产为基础,它的行驶、转向、制动等基本功能以及舒适性也有了飞快的发展。

2010年,全球汽车的保有量超过10亿辆。汽车可以提高交通运输的便利性,它与社会生活密切相连,不可分割。

持续发展的汽车

虽然电动汽车很早就已出现,但汽油机和柴油机的汽车依然占据了汽车发展历史的舞台。

20世纪末,汽油和柴油的短缺几度成为热门话题,由于石油资源的耗尽,它们的价格也大幅上涨。大气污染及二氧化碳大量排放导致的全球变暖问题也成了人们关注的焦点。因此

▲ 奔驰1号（Benz Patent-Motorwagen）的复制品
汽油机汽车，1886年德国制造
（图片来源：丰田博物馆）

▲ 丰田普锐斯
世界第一辆混合动力汽车，1997年丰田制造
（图片来源：丰田汽车公司）

▲ 福特T型车
1909年款，美国福特批量生产的车型
（图片来源：丰田博物馆）

▲ 宝马i3
电动汽车，2013年宝马制造
（图片来源：宝马公司）

▲ 福特野马
轻便、性能高、广受欢迎的轿车（20世纪60～70年代，汽车性能在欧美地区快速提高）
（图片来源：丰田博物馆）

在20世纪末，汽车企业开始研发耗油量少的汽车。

21世纪初，人们的关注焦点更上一层，除了要节省能源外，还要考虑保护地球环境，因此电动汽车、混合动力汽车、燃料电池汽车备受瞩目。此外，在互联网化的社会中出现了智能都市、智能家居等，人们也开始逐步探索汽车的存在形式。

> **知识链接**
>
> **爱迪生和电动汽车**
>
> 20世纪初，发明家托马斯·爱迪生制造出了电动汽车。他改良了汽车的蓄电池，设计出3辆装有"爱迪生电池"的电动汽车（"爱迪生电池"使用铁和镍作为电极）。1910年，电动汽车通过反复充电，完成了从纽约州到新罕布什尔州的行驶。

▲ 托马斯·爱迪生和他设计的电动汽车

汽车的零部件

构成汽车的零部件有2万～3万个

构成汽车的零部件

汽车（汽油机驱动）的动力源是发动机，发动机产生的旋转动力通过驱动轴传到轮胎，驱动汽车行驶。传递动力的传动系统与悬架、轮胎等组成了底盘，安装在车身底部。此外，车身中还装有驾驶操作系统和保证乘员乘坐安全、舒适的座椅等装备。

下图以典型的前置后驱（FR）（→p.6）汽车为例，展示了汽车的主要零部件。

■ 汽车的主要零部件

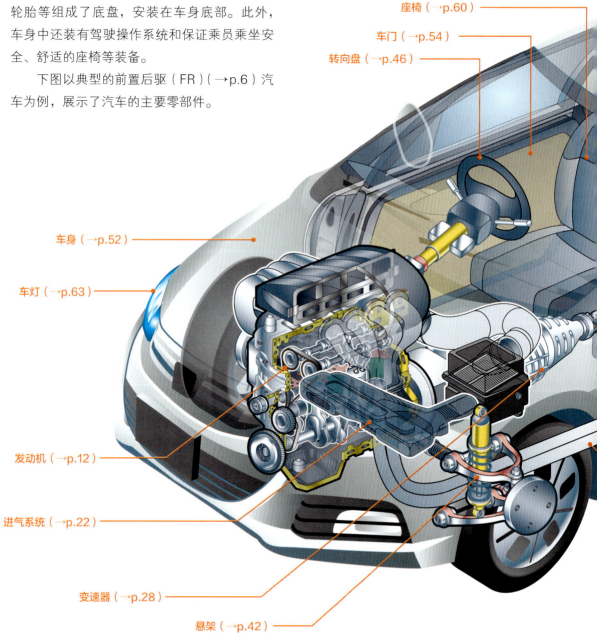

- 座椅（→p.60）
- 车门（→p.54）
- 转向盘（→p.46）
- 车身（→p.52）
- 车灯（→p.63）
- 发动机（→p.12）
- 进气系统（→p.22）
- 变速器（→p.28）
- 悬架（→p.42）

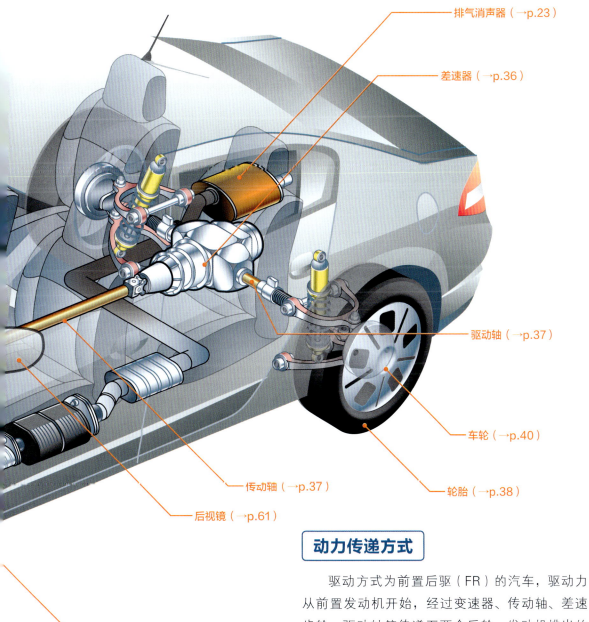

动力传递方式

驱动方式为前置后驱（FR）的汽车，驱动力从前置发动机开始，经过变速器、传动轴、差速齿轮、驱动轴等传递至两个后轮。发动机排出的气体经过排气歧管、排气消声器，最终排放到大气中。

汽车的驱动方式

动力从发动机传递到轮胎的方式有很多种

5种驱动方式

驱动轮是指接收从发动机传递而来的动力的轮子，它的配置方式称为驱动方式。驱动方式有四轮驱动和两轮驱动，其中两轮驱动又分为前轮驱动（FWD）和后轮驱动（RWD）。

根据发动机放置位置的不同，驱动方式还可以有多种分类方式。两轮驱动可分为前置后驱（FR）、前置前驱（FF）、中置后驱（MID）、后置后驱（RR）。发动机的配置不仅与放置的位置有关，还与放置的方向有关，这些都会影响汽车的特性。发动机的旋转轴置于汽车前后方向的称为纵置，置于左右方向的称为横置。

前置后驱（FR）

前置后驱是指发动机前置（起源于马车时代，牵引车子的马在前方），由后轮驱动的驱动方式。发动机是纵向放置的。前置后驱的优点是前后重量分配合理，具有良好的操纵稳定性；缺点是驾驶室的空间变小，因为变速器和传动轴都要置于驾驶室的下方。

20世纪70年代以前，几乎所有的乘用车都使用前置后驱，这种由前排车轮负责转向的驱动方式十分普遍。

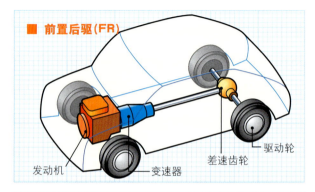

前置前驱（FF）

前置前驱是指发动机前置，由前轮驱动的驱动方式。发动机以横向放置为主。因为发动机、驱动轮、转向系统都集中在前端，因此汽车重心前倾，构造也较复杂。前置前驱的优点是驾驶室的空间大，且由于主要系统集中在前方，因此整个车身较轻。

进入20世纪80年代，前置前驱成为了小型汽车的主要驱动方式。如今，较大的汽车也逐渐采用前置前驱的驱动方式。

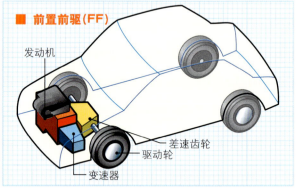

中置后驱（MID）

中置后驱是指较重的发动机和变速器都置于前后车轴中间位置的驱动方式。发动机以横向放置为主。

由于驾驶室内空间变小，一般采用中置后驱的多为两座汽车。对于车体较高的汽车，也有把发动机安装在升高的地板下面，然后再设置后座。

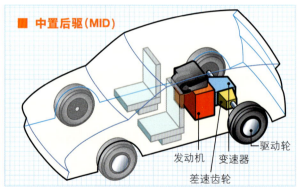

后置后驱（RR）

后置后驱是指发动机置于后车轴的后侧，由后轮驱动的方式。发动机纵向和横向放置均可。

驱动系统集中在汽车后端，因此驾驶室的空间变大，但行李厢置于转向前轮的前端，从而导致其空间变小。较重的机构都集中在后端，汽车前端变轻，所以负责转向的前轮的负载较少，这对汽车高速行驶时的稳定性有较大影响。

到20世纪70年代末，小型、轻量型的风冷发动机汽车多采用这种驱动方式。具有代表性的是大众1型（甲壳虫）、菲亚特500、日本的轻型汽车（360cc时代）。如今，轿车基本不采用后置后驱方式，只有大型的大巴还在采用这种驱动方式。

四轮驱动（4WD）

四轮驱动是指将发动机的驱动力传递到前后4个车轮的方式。四轮驱动的汽车在雪地和野外的穿越性较好，因此四轮驱动方式能在非常规道路上发挥它的价值，广泛应用于越野车上，如吉普。

如今，采用四轮驱动不仅是为了提高在野外行驶时的穿越性，还要提高在普通道路行驶时的操纵稳定性。

有些车型的四轮驱动也叫全时四驱（AWD），这种驱动方式以前置前驱和前置后驱为基础，发动机配置也有纵置和横置两种。

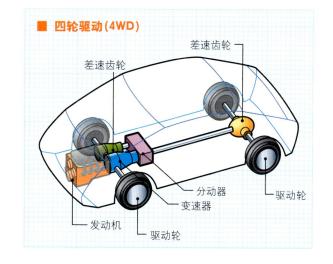

知识链接

乘用车的节能化

20世纪70年代，在石油危机到来之前，大型汽车是富有的象征。但是在石油危机后，为了节省耗油量，汽车趋于小型化、轻量化。然而客户依然需要较大的驾驶室空间，因此就有了"车身小型化、驾驶室扩大化"的概念，从而推进了前置前驱的发展。与前置后驱的主流驱动方式相比，前置前驱曾有运动性能差、前车轮胎磨损快等问题，但这些问题如今大都已解决。

▲ 1973年款本田思域
很受欢迎的小型乘用车，发动机耗油量低，污染少

汽车的动力源

汽车的动力源多种多样，最有代表性的是汽油发动机、柴油发动机以及电动机。

发动机

汽油发动机燃烧的是汽油，柴油发动机燃烧的是柴油，两者都是将燃烧时的膨胀压力转换为动能，但燃烧的方式不同。

汽油发动机是先将汽油和空气混合，然后用火花塞点燃混合气体；而柴油发动机是在压缩空气中喷入柴油，从而使混合气体燃烧。

▲ 汽油发动机汽车的发动机舱

电动机

电动汽车、混合动力汽车及燃料电池汽车等都是以蓄电池里的电能为动力。

电动机是把电能转换成动能的设备。装载电动机的汽车在行驶过程中没有废气排出，电动机的运转声音较小，而且在灾难时还能将电动机当作发电机使用，提供电能。

▲ 汽车中的电动机

> 知识链接

扭矩与马力

扭矩也称转矩。马力＝扭矩×转速，是汽车行驶的动力。没有马力汽车就不能爬坡，也不能快速行驶。

以自行车为例来说明马力是什么。自行车前进的动力是人用脚踩踏板而产生的，力气大的人在上坡时能迅速骑上去，但力气小的人却不能。这里踩踏板的力相当于发动机的气缸内压下活塞的爆发力。踩踏板的力乘以踏板的长度等于转矩（扭矩，kg·m），踩踏板的力量小则转矩（扭矩）小，力量大则转矩（扭矩）大。发动机的扭矩＝爆发力×曲轴旋转轴中心到连杆接合部的距离（曲轴偏移的距离）。

人对踏板施力时，踏板的转速无论大小，人的力量是不变的。但是发动机在转速非常低或非常高的时候，扭矩会下降。对于汽油发动机来说，出现最高扭矩较多的情况是转速为3500～4000r/min时，汽车在起步时一般要将转速提高到2000r/min，这样做是为了满足汽车行驶时所需的马力。

自行车的马力＝踏板的转矩（扭矩）×踏板的转速。接近坡道时，踩下踏板的势头猛则爬坡力（马力）大，相反则爬坡很吃力，就和没有马力的发动机一样。

总之，踩下踏板的力×踏板的长度＝踏板的转矩（扭矩），踏板的转矩×踏板的转速＝自行车的行驶动力（马力）。踩下踏板的力较大的人，就像爆发力大的发动机，能够使踏板的转速提高到快速行驶的状态，即产生大马力的状态。

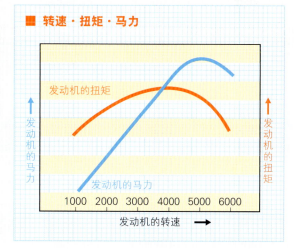

■ 转速·扭矩·马力

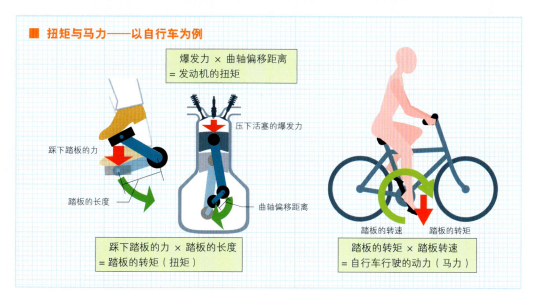

■ 扭矩与马力——以自行车为例

小专栏

多种多样的车型

汽车的种类有很多。在汽车发明之前所使用的马车有乘用型和搬运型等，而早期的汽车大部分都是乘用型，由车头部分、车室部分和后侧的小行李厢构成，其中车头内安装有发动机和变速器等。

随后的车型以轿车型的乘用车为主，除此之外还有卡车、巴士等多用途汽车。

乘用车在发展过程中又出现了以露营、旅行为目的的旅行轿车（Station wagon）。为了装更多的行李，人们在设计旅行轿车时将行李厢拉长。另外还出现了厢式客车（Van），增加了车厢高度，从而能够搭载更多的人和行李。有的人觉得厢式客车太大了，所以设计出了小型的厢式客车，这类客车最初出现在美国市场。小型厢式客车在日本人眼里其实并不小，但它是从美国引进的，就沿用了最初的名字。

此外，还出现了可以穿越荒山野岭的四驱车（4WD），称为SUV（Sport Utility Vehicle），这类车型的车室比普通的旅行轿车还要高。在SUV中有一类车型与卡车类似，拥有敞开式的货厢，称为轻型货车（Pickup Truck）。当更多的客户提出要求："我需要这些车型的中间车型"，汽车也朝着多样化的方向发展。这些要求不仅体现在轿车或旅行车的外形设计上，还体现在汽车功能的智能性和内饰的时尚性上。特别是从四驱车发展而来的SUV，曾经仅仅是面向荒山野岭的越野车，如今已变成既拥有力量、又能在城市中使用的智能汽车。从外形上来看，SUV的车室变小了，后面行李厢部分也变低了。

汽车的种类最初是根据使用目的而分类和进化发展的，但近年来车型的改进设计受到了多种因素的影响，如降低耗油量、空气动力学设计、用户越来越时尚的喜好等，这些影响因素使各车型本有的功能更加优化。

第1章

汽车的结构原理

汽车的零部件有2万~3万个。本章主要介绍汽车发动机及其相关的零部件,如将发动机产生的动力传递到轮胎的零部件,操纵汽车转向、减速、停车的零部件,支撑车身的零部件,保护乘员安全的车体零部件,提高汽车安全性的零部件,车内饰装备零部件,还有汽车上其他相关的各式各样零部件的组成和结构。

发动机的结构

发动机是汽车的"心脏"，本节将以活塞往复式发动机为例进行详细说明

组成发动机的零部件

发动机由各式各样的零部件组成，如下图所示。

往复式发动机的工作原理是，向气缸中喷入燃油和空气的混合气体并点火，混合气体燃烧时体积膨胀，产生的能量推动活塞移动，再通过曲轴将活塞的上下移动转变为旋转运动，使发动机运转。几乎所有汽车都采用该类发动机。

发动机性能上的飞速发展比其机械零部件的进化更为显著。近年来，发动机大多采用电子控制单元（ECU，Electronic Control Unit）来控制燃油和空气的混合方法、混合气体喷入气缸的时间及喷入量，因此发动机的性能比之前有了很大的提高。

■ 发动机的剖面图

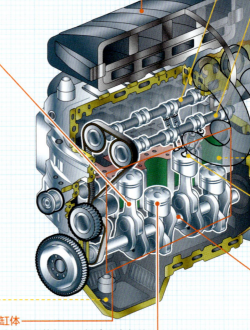

进气歧管
为发动机输送空气的管路，歧管中设有节气门

连杆
主要功能是将活塞的上下移动转换为曲轴的旋转运动，需要采用质量轻、强度高的材料

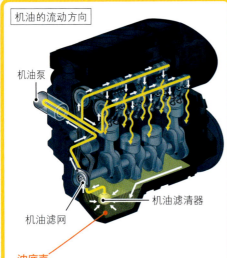

机油的流动方向

机油泵

机油滤清器

机油滤网

油底壳
机油的主要作用是使发动机内部的零件顺利运转，尤其是要减少活塞与套筒之间的摩擦，而油底壳就是收集并储存机油的地方

气缸体
发动机的主体部分，燃油和空气的混合气体在气缸体内进行燃烧。气缸内燃烧的气体膨胀产生的能量使活塞上下移动。气缸体所采用的材料应有足够的强度来承受活塞的剧烈运动

活塞
承受气缸内混合气体燃烧的能量并进行上下移动的零部件，活塞被设计成能够降低机油循环及摩擦的构造

气缸中的燃烧现象

气缸指的是气缸体内的圆筒形部件，燃油和空气的混合气体是在气缸中进行燃烧的。因为混合气体在气缸内燃烧会导致压力和温度迅速上升，所以气缸需要有足够的强度来承受高压和高温。活塞要在气缸内上下移动，因此气缸是圆筒形的。混合气体燃烧时产生的热量和活塞移动时产生的热量都会转移到气缸体内。

气缸盖安装在气缸体上方，其上装有进气门、排气门、控制气门开闭的凸轮以及凸轮轴。

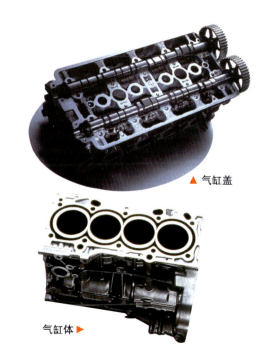
▲ 气缸盖

气缸体 ▶

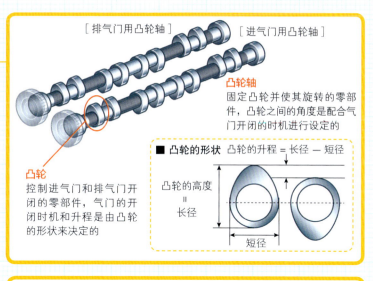

[排气门用凸轮轴]　　[进气门用凸轮轴]

凸轮轴
固定凸轮并使其旋转的零部件，凸轮之间的角度是配合气门开闭的时机进行设定的

凸轮
控制进气门和排气门开闭的零部件，气门的开闭时机和升程是由凸轮的形状来决定的

■ 凸轮的形状　凸轮的升程 = 长径 − 短径

凸轮的高度 = 长径

短径

水套
气缸体内的水槽，可使冷却液通过

飞轮
保持曲轴的旋转惯性，使其平滑运转

曲轴
安装在偏离旋转轴中心的位置，主要作用是固定连杆并将活塞的上下移动转换成旋转运动

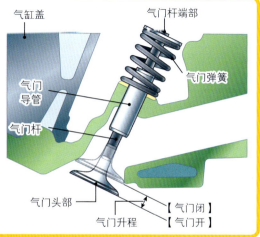

气门
由喷入混合气体的进气门和燃烧后排放废气的排气门组成，气门的开闭时机主要取决于凸轮的形状

气缸盖　气门杆端部　气门弹簧　气门导管　气门杆　气门头部　气门升程　【气门闭】【气门开】

发动机的工作原理

混合气体燃烧所爆发出的能量使活塞上下移动，从而带动曲轴等部件进行旋转运动

上下移动转换为旋转运动

空气由进气歧管供给，燃油从喷油器中喷出，将空气和燃油充分混合后通过进气门输送至气缸。混合气体在气缸内经火花塞点燃后燃烧，气体的体积急剧膨胀，压力和温度迅速升高。在气体压力的作用下，活塞迅速向下移动，随后因废气的排出又向上移动。与活塞相连接的连杆同时也固定在曲轴上，通过连杆可以将活塞的上下移动转换为曲轴的旋转运动。

活塞的上下移动分为进气、压缩、做功、排气四个冲程，拥有这四个冲程的发动机就称为四冲程发动机。

■ 气缸周边的零部件

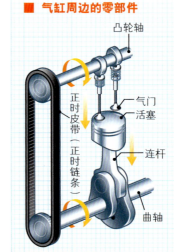

曲轴和凸轮轴通过正时皮带（正时链条）等零部件连接，因此，活塞的上下移动和气门的开闭时机是联动的。

■ 发动机的冲程

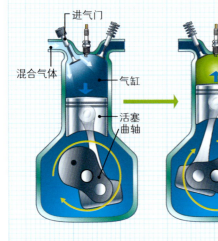
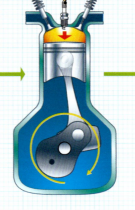

1. 进气冲程
曲轴的旋转运动传到凸轮轴时，进气门开启，同时活塞在曲轴的带动下向下移动，混合气体进入气缸。

2. 压缩冲程
随着曲轴的旋转，进气门关闭，活塞向上移动，压缩气缸内的混合气体。

3. 做功冲程
压缩的混合气体被火花塞点燃后开始燃烧，气体体积急剧膨胀，压力迅速升高，推动活塞向下移动，从而使曲轴快速旋转。

4. 排气冲程
随着曲轴的旋转运动，排气门开启，燃烧后的剩余气体通过排气门排出，曲轴继续旋转，活塞再次向上移动。

旋转的零部件

活塞

活塞要承受气缸内混合气体燃烧所产生的高压和高温，因此对活塞的强度有特别的要求。活塞需要上下移动，为了提高其移动的效率，活塞应选用较轻的材料，且与气缸壁之间的移动阻力要尽量小。另外，为了保证气缸的套筒与活塞间存在一定的阻力，还需要在活塞上安装活塞环。

▲ 活塞

连杆

连杆是连接活塞和曲轴的棒状零部件。连杆的小端连接活塞，大端连接偏移曲轴的旋转部位，因此将活塞的上下移动传递到了曲轴上。同活塞一样，为了提高效率，要求连杆的材料也拥有轻量、高强度、低移动阻力的性能。

▲ 连杆

曲轴

曲轴通过连杆接受活塞传递来的上下移动，并将其转变为旋转运动。连杆将上下移动传递到曲轴上距离旋转中心偏移的部位，因此需要曲轴具有较大的刚性。曲轴将旋转运动传递到飞轮上，成为发动机的驱动力。曲轴运转的同时，气门也将随着正时皮带（正时链条）的联动而开启和关闭。

▲ 曲轴

飞轮

气缸内混合气体燃烧后产生高压，施加在活塞上带动曲轴旋转，但曲轴旋转存在不均匀的现象，所以就需要飞轮作为维持惯性的工具，保证曲轴平顺的运转。飞轮越重，就越能使带惯性的发动机更加平滑地运转，但这样却不利于急剧的转速改变，因此选择飞轮时一定要考虑平滑旋转的扭矩和转速改变等性能上的平衡。

▲ 飞轮的切割模型

知识链接

气缸的排列

往复式发动机的活塞和气缸相互配合，其数量和排列形式根据用途分为多个种类。小排量发动机多为2～3气缸，1～2L的发动机为4气缸，较大排量的发动机是6气缸。要想使活塞平滑移动，则需要更大的旋转扭矩，但由于直列型气缸的重量大且价格高，因此6缸发动机大多采用V型。水平对置型发动机的优点是振动少，中心高度低；缺点是加工工艺复杂。

■ **气缸排列的种类**

▼ 水平对置型（4气缸）

▲ 直列型（4气缸）

▲ V型（6气缸）

配气机构

混合气体进入气缸,气缸内的废气排出,都需要通过气门和凸轮运动来完成

气门的配置和运动

气门分为两种:将混合气体吸入气缸内的进气门和将燃烧后剩余气体排出的排气门。高旋转、大马力的发动机需要吸入更多的混合气体,所以采用3气门(2个进气门和1个排气门)或4气门(2个进气门和2个排气门)的配气机构。

气门由与曲轴联动的凸轮轴来控制,气门的开闭时刻及进气门吸入的混合气体量都由凸轮轴上的凸轮形状来决定。进排气门的开闭时刻称为配气定时,过去发动机的配气定时是固定的,其最佳配气定时主要是根据发动机的转速而变化的,而近年来出现了可以根据不同工况而改变的可变气门正时系统。

■ 凸轮和气门的运动

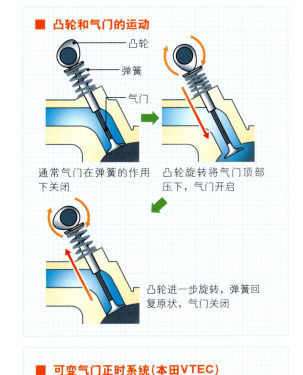

通常气门在弹簧的作用下关闭

凸轮旋转将气门顶部压下,气门开启

凸轮进一步旋转,弹簧回复原状,气门关闭

■ 可变气门正时系统(本田VTEC)

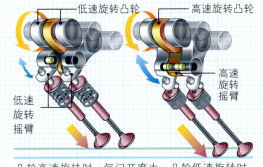

凸轮高速旋转时,气门开度大;凸轮低速旋转时,气门开度小

可变气门正时系统的作用是,随着发动机工况的变化而连续不断地调整进气凸轮轴与曲轴间的相对位置,从而实现最佳配气正时。将低速旋转凸轮和高速旋转凸轮并排配置,使摇臂可以压向气门顶部。凸轮轴低速旋转时,高速旋转凸轮摇臂处于空转状态;凸轮轴高速旋转时,油压使固定销自动插入摇臂中,利用高速旋转凸轮控制气门。

■ 4气门构成

进气门　排气门

配气机构的布置方式

配气机构包括气门及凸轮轴等气门操纵部件，布置方式有多种，目前主流方式是单顶置凸轮轴（SOHC，Single Overhead Camshaft）方式和双顶置凸轮轴（DOHC，Double Overhead Camshaft）方式。

■ 单顶置凸轮轴(SOHC)

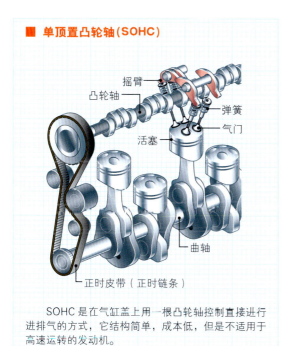

SOHC 是在气缸盖上用一根凸轮轴控制直接进行进排气的方式，它结构简单，成本低，但是不适用于高速运转的发动机。

■ 双顶置凸轮轴(DOHC)

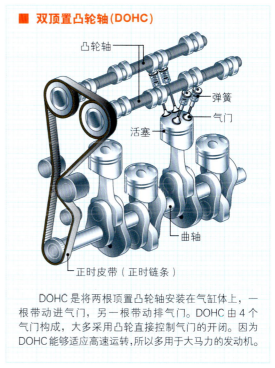

DOHC 是将两根顶置凸轮轴安装在气缸体上，一根带动进气门，另一根带动排气门。DOHC 由 4 个气门构成，大多采用凸轮直接控制气门的开闭。因为 DOHC 能够适应高速运转，所以多用于大马力的发动机。

阿特金森循环发动机

阿特金森循环发动机可以提高气缸内混合气体的燃烧效率，也能节省耗油量。通常，发动机的混合气体的压缩比等于做功时的膨胀比，但在阿特金森循环发动机上，膨胀比大于压缩比。

压缩混合气体时推迟进气门关闭时间，使少量的混合气体回到进气口，此时被压缩的混合气体量少于排出气体量，且活塞移动行程与普通发动机的一样，因此燃烧效率提高；但同时，因为只有少量的混合气体被燃烧，所以活塞带动曲轴的转矩变小。阿特金森循环发动机常用于混合动力汽车中，可利用电动机补充不足的转矩。

■ 阿特金森循环的压缩量和膨胀量

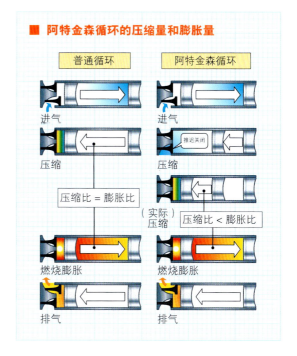

第 1 章 汽车的结构原理　17

喷油系统

将汽油等液体燃料从燃油罐输送到喷油器中

燃油供给的工作原理

为发动机提供燃油的装置有燃油罐、燃油过滤器、喷油器、输油管等,其中燃油喷射装置部分称为喷射系统。燃油供给口到喷油器间采用粗管连接,燃油罐到发动机间采用细管连接。

燃油被燃油泵从燃油罐中泵出,经过燃油过滤器除去异物,然后输送到喷射装置的喷油器里。燃油经喷油器喷出后,与通过进气歧管进入气缸的空气混合,成为最适合燃烧的混合气体。

燃油供给的一系列动作都是由电子控制单元(ECU)来控制的。

■ 喷油系统

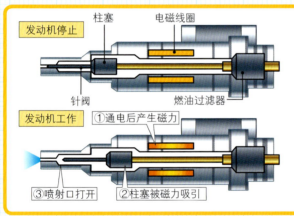

喷油器
喷油器是将燃油适量、适当、适时地喷射到气缸内并使其扩散的装置。喷油器由电子控制单元控制,将燃油以雾状的形式喷射到气缸燃烧室中进气口的周围。与机械式控制的化油器(燃油混合装置,20世纪90年代前的汽车采用该装置)相比,电控喷油器有性能高、输出燃油量高、燃烧效率高的优点,因此可以有效地控制耗油量和排放气体量。喷油器由针阀、柱塞、电磁线圈等组成,当电磁线圈通电时,电磁线圈将吸引柱塞,喷射口开启

炭罐
炭罐的主要作用是阻止汽油蒸气排放到空气中,防止大气污染。燃油罐中产生的汽油蒸气通过管子进入炭罐,炭罐内的活性炭会吸附住汽油蒸气。在发动机运转期间,新鲜气体进入炭罐内,将吸附的汽油蒸气与活性炭分离,然后汽油蒸气被输送回燃烧室再次进行燃烧

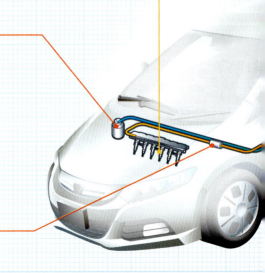

燃油过滤器
过滤燃油,除去燃油中的异物

喷油器的配置

喷油器安装在气缸盖上，功能是向进气管内喷入适量的燃油。喷入的汽油在进气口与空气混合，成为混合气体。这种喷油方式称为进气道喷射。

另外，还有直接喷入气缸内的缸内喷射，又称直喷式。这种喷油方式的优点是耗油量低，升功率大。

■ 进气道喷射和缸内喷射

燃油罐

过去燃油罐的材质多为铁质，而如今采用树脂材质的燃油罐越来越多。树脂因其轻量、耐腐蚀、耐冲击、安全性高、制作复杂、形状易成形的特点而被普遍使用。燃油通过燃油泵（发动机驱动）输送至发动机，为防止异物进入发动机内，在进入端口设置有过滤器。燃油余量表通过浮子来测量罐内燃油的液面高度，测出的余量用仪表台上的刻度显示。如果罐内压力因燃油蒸气而升高，则需要通过燃油蒸气阀释放部分压力

点火系统

混合气体在压缩行程终了时，采用高压电火花进行点火

发动机点火系统的工作原理

汽油燃料和空气在进气口混合，然后从进气门进入气缸内。火花塞的作用是点燃进入气缸的混合气体，使其燃烧并产生高压高温。通常每个气缸内设置一个火花塞。火花塞通过高压电流放出的电火花，而点火线圈将汽车电源提供的12V电流转变为高压电流。

传统汽车的点火线圈和火花塞是分离的，因此需要通过分电器配电到各火花塞。现代汽车上的每个火花塞都装有电子控制单元（ECU），可以单独进行点火。

点火系统包括火花塞、点火线圈等点火装置。

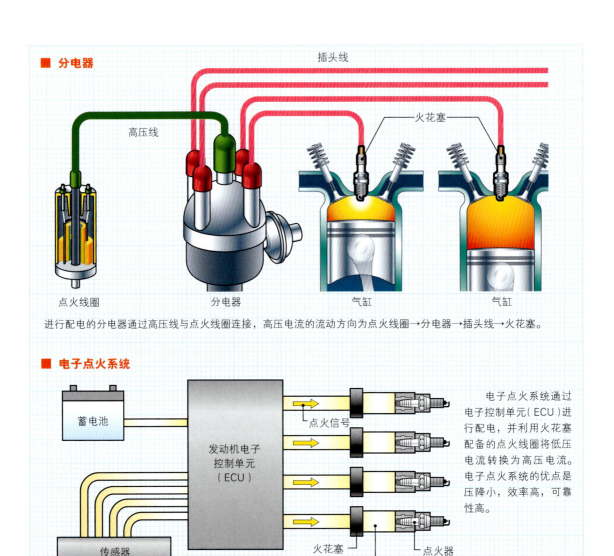

■ 分电器

进行配电的分电器通过高压线与点火线圈连接，高压电流的流动方向为点火线圈→分电器→插头线→火花塞。

■ 电子点火系统

电子点火系统通过电子控制单元（ECU）进行配电，并利用火花塞配备的点火线圈将低压电流转换为高压电流。电子点火系统的优点是压降小，效率高，可靠性高。

点火线圈

点火线圈的作用是将蓄电池的低电压（12V）转换为火花塞放电所需的高电压（15000～35000V）。点火线圈中心有一个铁芯，铁芯上绕着圈数不等的两个线圈，圈数少的是初级绕组（电磁），圈数多的是次级绕组（高电压绕组）。

蓄电池的电压使初级绕组通电时，由于互感作用使得次级绕组产生高电压。

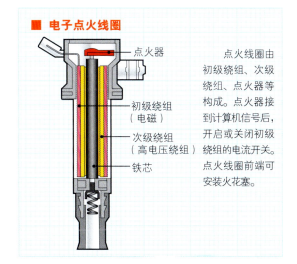

■ 电子点火线圈

点火线圈由初级绕组、次级绕组、点火器等构成。点火器接到计算机信号后，开启或关闭初级绕组的电流开关。点火线圈前端可安装火花塞。

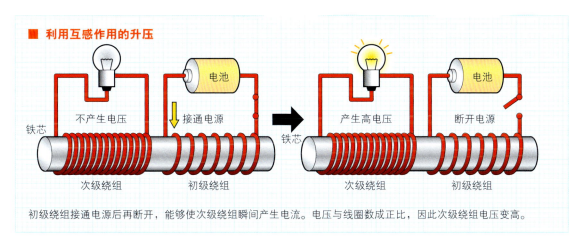

■ 利用互感作用的升压

初级绕组接通电源后再断开，能够使次级绕组瞬间产生电流。电压与线圈数成正比，因此次级绕组电压变高。

火花塞

点火线圈将产生的高压电直接传递至火花塞，而火花塞在侧电极和中心电极之间产生火花，以点燃混合气体。

火花塞的组成有熔接侧电极的火花塞壳体、将电压传递到中心电极的中心导杆及使火花塞绝缘的绝缘体。

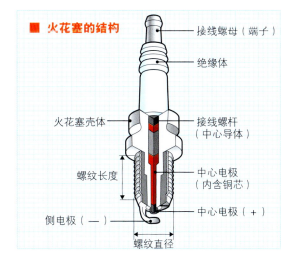

■ 火花塞的结构

进气系统和排气系统

混合气体进入气缸，燃烧后的废气排出气缸，都需要通过进排气系统来实现

进气系统

进气系统是将外部的空气吸入气缸内的系统。吸入的空气通过空气滤清器的净化后进入进气管，在通过进气管的过程中，节气门对进入的空气量进行适当调节。之后，通过进气歧管将空气输送到气缸盖上的进气口。在进气口处，空气与喷油器喷射的燃油完成混合后再进入到气缸内。

■ 进气系统的结构

进气歧管
进气歧管是将新鲜空气分配到各气缸的进气道。为了提高进气效率，使用控制阀调节歧管，当发动机高速运转时使用粗短的进气歧管，当发动机低速运转时使用细长的进气歧管，因此进气的路径长短是可变化的

低速运转时，用细长歧管　　控制阀关闭
高速运转时，用粗短歧管　　控制阀开启

节气门
通过驾驶员对加速踏板的操作，节气门可根据汽车的行驶条件来调节进入气缸的新鲜气体量。如今，节气门普遍采用ECU进行调节控制

进气管
为了将空气顺利地输送至进气歧管，其形状的设计十分重要

空气滤清器
去除吸入的空气中的异物，起到净化作用。空气滤清器由无纺布等滤材组成

进气口
进气口需设置在发动机内温度较低的位置，且要求在一定深度的水中行驶时不受影响

排气系统

排气系统是将气缸内产生的废气排放到大气中的系统。废气集中到排气歧管后，经催化转换器净化，通过排气管，最终从排气消声器处排出。

汽车废气不仅含有有害物质，而且其温度高达数百摄氏度，是高温、高压气体。将废气直接排放到空气中，会因急剧的膨胀引起剧烈的声响，因此排气系统除了要包含净化废气的催化转换器之外，还应安装消除噪声的消声器。消声器的消音方式有扩张式、吸收式、共振式3种，一般在排气系统中将其组合使用。

由于发动机的振动会影响排气管，所以排气管是通过从缸体垂下来的橡胶连接的。

■ 排气系统的结构

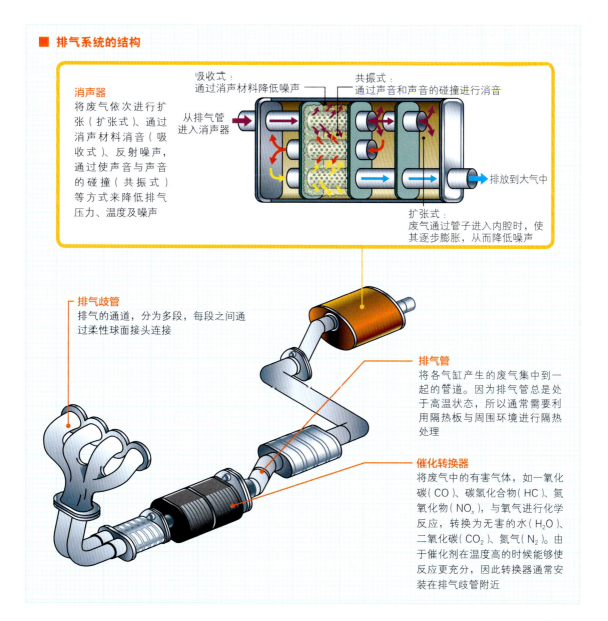

消声器
将废气依次进行扩张（扩张式）、通过消声材料消音（吸收式）、反射噪声，通过使声音与声音的碰撞（共振式）等方式来降低排气压力、温度及噪声

吸收式：
通过消声材料降低噪声

共振式：
通过声音和声音的碰撞进行消音

从排气管进入消声器

排放到大气中

扩张式：
废气通过管子进入内腔时，使其逐步膨胀，从而降低噪声

排气歧管
排气的通道，分为多段，每段之间通过柔性球面接头连接

排气管
将各气缸产生的废气集中到一起的管道。因为排气管总是处于高温状态，所以通常需要利用隔热板与周围环境进行隔热处理

催化转换器
将废气中的有害气体，如一氧化碳（CO）、碳氢化合物（HC）、氮氧化物（NO_x），与氧气进行化学反应，转换为无害的水（H_2O）、二氧化碳（CO_2）、氮气（N_2）。由于催化剂在温度高的时候能够使反应更充分，因此转换器通常安装在排气歧管附近

启动系统和充电系统

汽车启动系统和充电系统的主要部件有启动发动机的起动机、充电的交流发电机以及蓄电池等

启动系统的工作原理

采用起动机来启动发动机，起动机的转速为50～200r/min，它与普通的电动机不同，虽然运转时间较短（日本工业标准JIS说明起动机需连续运转30s），但能产生较大的扭矩。近年来，发动机的启动系统采用ECU控制，随着相应的技术日益发展，如今基本打火一次就可以启动发动机。

起动机前端的驱动小齿轮与连接在曲轴上的齿圈相互啮合，将起动机的驱动力传递至发动机，发动机开始运转。近几年，适用于怠速停止系统的高耐久性起动机也开始广泛应用。

■ 起动机的结构和作用

飞轮外侧的齿圈与起动机的驱动小齿轮相互啮合，使飞轮旋转，将起动机的扭矩传递给发动机的曲轴，最终使发动机启动。发动机启动后，起动机驱动小齿轮会与齿圈自动脱开。

■ 启动系统和充电系统的结构

充电设备

充电设备主要用于起动机启动发动机时和火花塞放电时。除此以外，刮水器、车灯等汽车各种部件也需要用电，因此汽车上装有交流发电机、蓄电池等充电设备。

交流发电机

交流发电机（Alternating current generator，ACG）是指安装在发动机外壁的发电机。交流发电机的滑环通过皮带与旋转曲轴连接，以曲轴的旋转力为动力完成发电，并将产生的交流电流转变为直流电流，储存到蓄电池或空调散热栅中。

近年，一些汽车将交流发电机设置为发动机的辅助机构，这样的汽车具有能量回收功能，相当于一辆混合动力汽车。

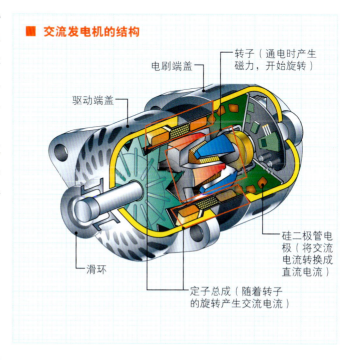

■ 交流发电机的结构

- 转子（通电时产生磁力，开始旋转）
- 电刷端盖
- 驱动端盖
- 硅二极管电极（将交流电流转换成直流电流）
- 滑环
- 定子总成（随着转子的旋转产生交流电流）

▲ 用于轻混合动力汽车的交流发电机
交流发电机除具有发电功能以外，还可以用作辅助发动机的驱动电动机，及再次启动时的启动电动机
（图片来源：铃木股份有限公司）

蓄电池（铅蓄电池）

蓄电池的功能是储存交流发电机产生的电能，主要由电解液稀硫酸、二氧化铅板（正极板）、铅板（负极板）组成，它通过稀硫酸和铅的化学反应完成充电或放电。普通乘用车大多使用DC12V型号的蓄电池。

蓄电池能够在短时间内释放出大量电流，可以在不同环境中稳定地发挥其功能。除此以外，蓄电池的优点还有操作方便，耐冲击性好，发生异常时的危险性（爆炸、起火）低。

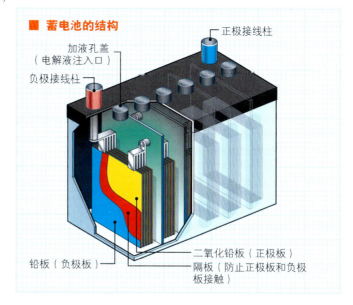

■ 蓄电池的结构

- 正极接线柱
- 加液孔盖（电解液注入口）
- 负极接线柱
- 二氧化铅板（正极板）
- 铅板（负极板）
- 隔板（防止正极板和负极板接触）

冷却系统和增压器

汽车上都有降低发动机高温的冷却系统和提高发动机输出动力的增压器

发动机冷却系统的结构

发动机工作时，混合气体在气缸内被压缩并燃烧，因此气缸内的温度非常高。气缸内装有冷却水套，可以让冷却液循环流动，吸收发动机产生的热量，从而降低发动机的温度。吸收完热量的冷却液通过歧管流入散热器进行冷却。散热器就是将冷却液中的热量散发出去的装置。

冷却液中含有防冻剂，防止冷却液结冰，其中含有防锈蚀、防腐蚀的成分。

■ 冷却系统的结构

水泵
给冷却液施加压力的装置，使冷却液顺利进入机体水套完成循环

节温器
用来管理冷却液温度的装置。节温器控制着冷却回路中的气门，冷却液温度较低时，禁止冷却液流入散热器；冷却液温度较高时，气门打开，让冷却液流入散热器

冷却水套
气缸体内冷却液的流通水路

储液罐
暂时保存冷却液的装置。如果散热器内的冷却液压力达到了一定程度以上，则冷却液将被输送至储液罐；反之，将冷却液输送回散热器里

冷却风扇
在停车状态等空气流动不足的情况下，如果冷却液温度上升，则可开启冷却风扇，利用其吸入的空气来冷却散热器和发动机。气体吸入式的冷却风扇比推出式的效率更高，因此将风扇安装在发动机舱的一侧

散热器
由进水室、出水室、散热器芯、散热器盖等部件组成，其中散热器芯包括散热管和散热片。冷却液从进水室通过散热器芯流到出水室，在散热器芯中，冷却液流经散热管，通过散热片上的流通空气等进行降温。散热器盖用来调节散热器内冷却液的压力。外部气体和冷却液的温度差越大时，散热器的换热效率越高，因此要对系统内的冷却液加压来提高其沸点

增压器——提高发动机的输出动力

发动机内的燃料燃烧时需要空气，而发动机的输出动力取决于进入气缸内的混合气体量，在气缸内所燃烧的混合气体量就等于总排气量。因此，将空气压缩后再供入气缸内则会提高进气量，从而燃烧更多的燃料，最终提高发动机的输出动力。空气的压缩就是在增压器里完成的，一般增压器有涡轮式和机械式两种形式。

早期使用增压器的目的是提高跑车发动机的驱动力，而如今使用增压器是为了减少发动机的排气量，在加速或上陡坡时获取所需的动力，并节省燃料。

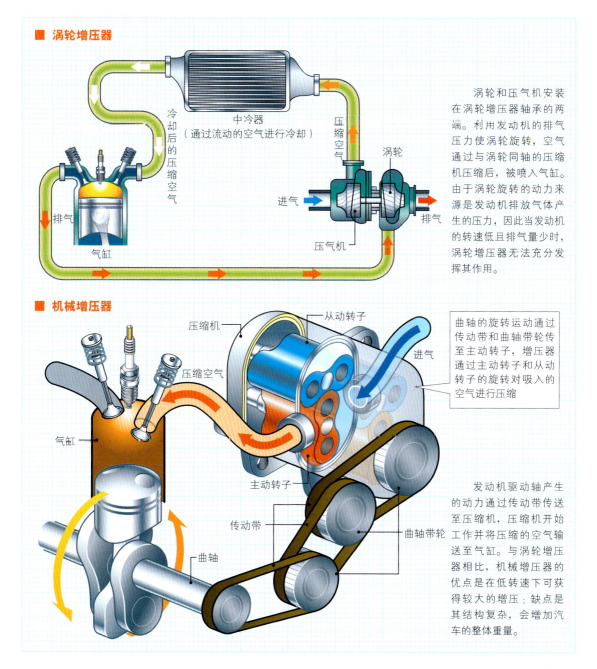

第1章 汽车的结构原理　27

变速器——手动变速器

汽车需要变速器、离合器等装置将发动机产生的驱动力传递至轮胎

手动变速器（MT）

汽车在启动时和行驶时所需动力的大小不同，为了让车轮能在不同工况下接收不同的扭矩，需要根据不同工况来调整车轮的转速，因此就要用到变速器。需要手动操作的变速器称为手动变速器，其中的齿轮组具有不同的传动比，其数量一般等于变速挡位的数量。手动变速器通过离合器与发动机相连。

变速挡位一般为4~6个前进挡和1个倒挡，它们都由变速杆来操作控制。

■ 转速和扭矩的改变

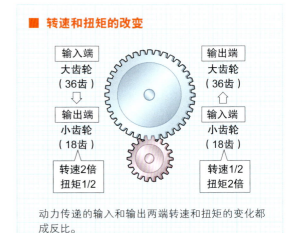

输入端 大齿轮（36齿）	输出端 大齿轮（36齿）
输出端 小齿轮（18齿）	输入端 小齿轮（18齿）
转速2倍 扭矩1/2	转速1/2 扭矩2倍

动力传递的输入和输出两端转速和扭矩的变化都成反比。

■ 手动变速器的结构

- 离合器
- 4挡齿轮
- 2挡齿轮
- 1挡齿轮
- 变速杆：由滑动接合套操作控制
- 发动机侧
- 驱动轮侧
- 3挡齿轮
- 倒挡齿轮
- 接合套：与相应挡位的齿轮接合，将挡位齿轮的旋转运动传递到轴上
- 离合器轴：与发动机连接，将发动机产生的动力传递至离合器
- 输入轴：与驱动轴、差速齿轮相连，为驱动轮提供动力
- 输出轴：离合器接合时输出轴转动，输入轴处于空转状态，输出轴为输入轴的各齿轮传递动力

离合器

手动变速器在进行变速操控时需要暂时与发动机分离,从而切断发动机传至变速器的动力。因此,发动机和变速器之间需要安装离合器,起到切断动力的作用。离合器由离合器踏板控制,其所有操控都需要由驾驶员来完成,因此要求驾驶员熟练掌握汽车驾驶技术,特别是汽车启动时的油门踏板与离合器踏板的配合操作。

当离合器中的压盘与飞轮接合时,动力由发动机传递至变速器;当两者分离时,切断了动力从发动机传递至变速器的路径。离合器处于接合状态时,发动机和驱动系统是直接相连的,因此具有较好的传递效率。

■ 离合器的结构

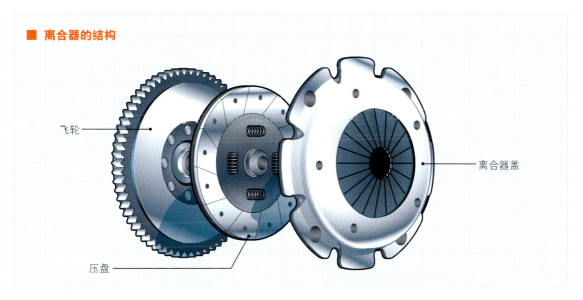

■ 离合器的接合与分离

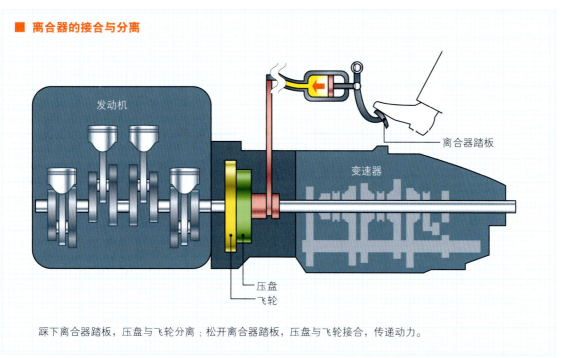

踩下离合器踏板,压盘与飞轮分离;松开离合器踏板,压盘与飞轮接合,传递动力。

变速器——自动变速器

自动变速器可以根据汽车的行驶速度和发动机的转速，自动切断或接合离合器的动力传输，完成挡位的变化

自动变速器（AT）

手动变速器对驾驶员的熟练操作技能要求很高，而自动变速器却不需要太高的操作技能。

如今，很多自动挡汽车安装的自动变速器都是通过液压控制的，这种变速器主要由液力变矩器和行星齿轮变速器组成，通过电子控制系统（ECU）和液压来控制变速器，使其自动完成变速。

液力变矩器起到手动变速器中离合器的功能，同时还有变矩的功能，它能将发动机的动力传递至行星齿轮变速器。

■ 自动变速器的结构

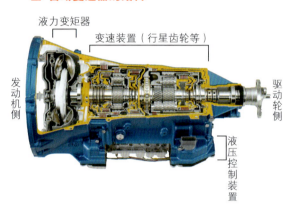

液力变矩器

液力变矩器由输入泵轮、输出涡轮、导轮组成，它通过液压油将发动机的动力传递给行星齿轮变速器。当泵轮转动时，液压油被送入涡轮，使涡轮转动。此时即使踩下制动踏板，泵轮和涡轮之间的液压油仍然继续流动，并产生摩擦，因此发动机会继续运转；而松开制动踏板，即使没有踩下油门踏板，车辆也能缓慢前行（蠕变现象）。

另外由于输入和输出两端存在转速差，会出现扭矩增大的现象，这就是汽车在启动时得到的扭矩大于发动机输出扭矩的原因。

■ 液力变矩器的工作原理

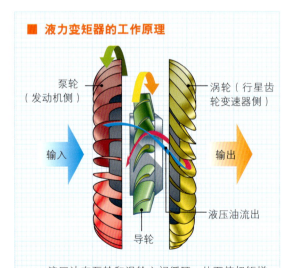

液压油在泵轮和涡轮之间循环，从而使扭矩增大。输入和输出之间存在可随意流动的液压油，因此液力变矩器可以形成自动离合的状态。有些自动变速器的设置是，当转速增加到与涡轮和泵轮的转速相同时，两者会自动连接，对发动机的转矩进行自动传递（Lock up）。

行星齿轮变速器

细微的变速无法在液力变矩器中实现，但可以在行星齿轮变速器中实现。行星齿轮变速器中的一个单元由中央太阳轮、外侧齿圈、太阳轮与齿圈间的行星齿轮及行星架组成。

行星齿轮变速器通过固定不同的部件，改变输入力和输出力，从而完成变速或倒车操作。行星齿轮变速器利用油压来控制，因此自动变速器中还安装有油压控制机构。

■ 行星齿轮变速器的结构

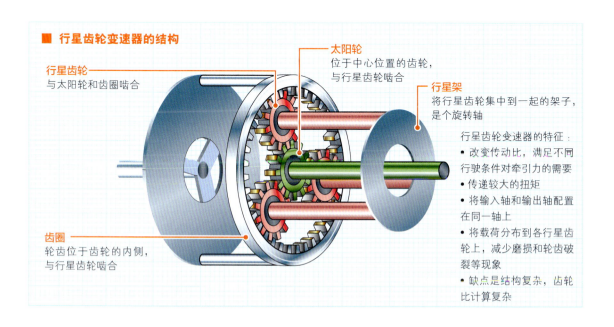

太阳轮：位于中心位置的齿轮，与行星齿轮啮合

行星齿轮：与太阳轮和齿圈啮合

行星架：将行星齿轮集中到一起的架子，是个旋转轴

齿圈：轮齿位于齿轮的内侧，与行星齿轮啮合

行星齿轮变速器的特征：
- 改变传动比，满足不同行驶条件对牵引力的需要
- 传递较大的扭矩
- 将输入轴和输出轴配置在同一轴上
- 将载荷分布到各行星齿轮上，减少磨损和轮齿破裂等现象
- 缺点是结构复杂，齿轮比计算复杂

■ 行星齿轮变速器的工作原理

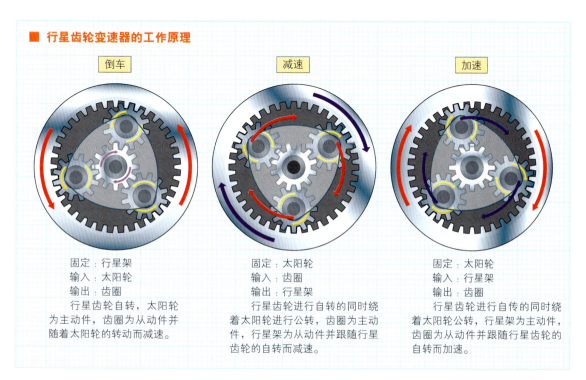

倒车
固定：行星架
输入：太阳轮
输出：齿圈
行星齿轮自转，太阳轮为主动件，齿圈为从动件并随着太阳轮的转动而减速。

减速
固定：太阳轮
输入：齿圈
输出：行星架
行星齿轮进行自转的同时绕着太阳轮进行公转，齿圈为主动件，行星架为从动件并跟随行星齿轮的自转而减速。

加速
固定：太阳轮
输入：行星架
输出：齿圈
行星齿轮进行自传的同时绕着太阳轮公转，行星架为主动件，齿圈为从动件并跟随行星齿轮的自转而加速。

变速器——无级变速器和双离合器自动变速器

常见的变速器除了手动变速器（MT）和自动变速器（AT）之外，还有无级变速器（CVT）和双离合器自动变速器（DCT），它们使汽车行驶得更平滑

无级变速器（CVT）

手动变速器和自动变速器通过齿轮进行逐级变速，而无级变速器通过带轮和传动带可进行无级变速。无级变速器采用传动带和槽宽可变的带轮来传递动力。当改变带轮的槽宽时，驱动轮和从动轮上传动带的回转半径随之改变，即可完成变速。无级变速器的传递效率高，能充分利用发动机的动力，因此既能使汽车行驶保持较大的动力，又能节油降耗；另外它还可以无级控制发动机的运转和转速比，使汽车行驶平滑顺畅。

近年，汽车通常采用逐级式和无级式两种变速器配合使用，能够补偿传递至传动带及链条过程中损失的扭矩，同时还能补偿汽车起步时的扭矩。过去，人们在设计汽车时着重考虑的是价格和重量；而如今，人们更关注汽车的节能和驾驶的舒适性。

■ 金属带式无级变速器的结构

◀ 金属带式CVT的结构
通过改变两个带轮之间的槽宽，改变了驱动轮与从动轮上传动带的回转半径，达到无级变速的目的

■ 金属带式无级变速器的工作原理

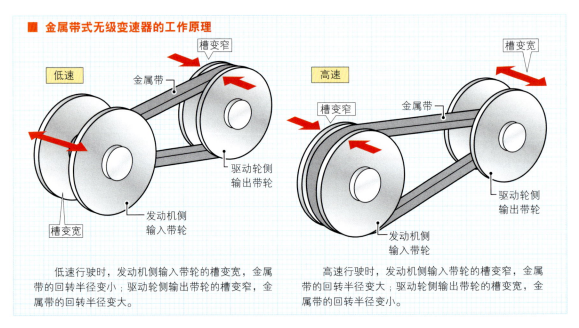

低速行驶时，发动机侧输入带轮的槽变宽，金属带的回转半径变小；驱动轮侧输出带轮的槽变窄，金属带的回转半径变大。

高速行驶时，发动机侧输入带轮的槽变窄，金属带的回转半径变大；驱动轮侧输出带轮的槽变宽，金属带的回转半径变小。

双离合器自动变速器（DCT）

双离合器自动变速器的结构与手动变速器的一样，都有离合器和齿轮。不同之处在于，双离合器自动变速器中有2个自动离合器，主轴分为奇数挡输入轴和偶数挡输入轴两个系统，通过提前自动转换离合器设置下一个挡位，能够更快地完成变速。双离合器自动变速器中的齿轮通过机械方式完成啮合，提高了变速器的传动效率，同时也降低了油耗。双离合器自动变速器不仅拥有与手动变速器一样的直接加速感，还能节油降耗，因此近年来装载双离合器自动变速器的汽车越来越多。

半自动变速器也能使离合器操控自动化，但是这种变速器只有1个离合器，因此在变速过程中会有一瞬间失去扭矩的情况出现。

■ 双离合器自动变速器的结构

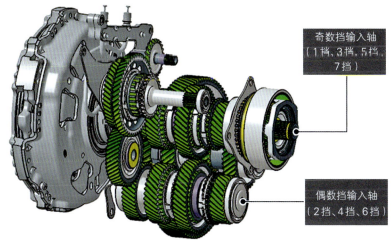

双离合器自动变速器有2个离合器和2个主轴，相当于是把2个手动变速器组合在一起。

■ 双离合器自动变速器的工作原理

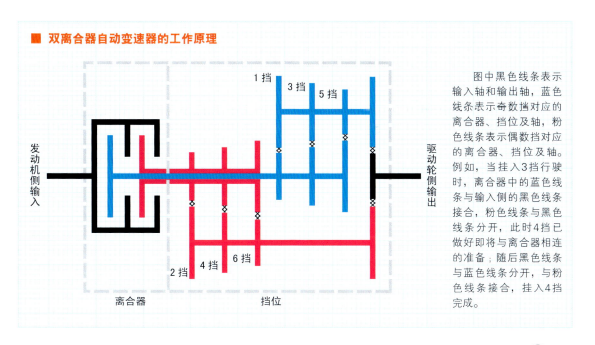

图中黑色线条表示输入轴和输出轴，蓝色线条表示奇数挡对应的离合器、挡位及轴，粉色线条表示偶数挡对应的离合器、挡位及轴。例如，当挂入3挡行驶时，离合器中的蓝色线条与输入侧的黑色线条接合，粉色线条与黑色线条分开，此时4挡已做好即将与离合器相连的准备；随后黑色线条与蓝色线条分开，与粉色线条接合，挂入4挡完成。

底盘——基本构造

底盘的结构有多种形式，下面以前置前驱（FF）形式的底盘为例进行解说

底盘——汽车的支撑体

随着车身结构的改变，底盘所包含的系统范围也随之改变。

过去底盘指的是车架部分，将发动机、变速器、驱动轴、悬架、轮胎、转向盘等组合安装在车架上的汽车基本构成部分称为底盘。后来又利用相同的底盘制造了其他车型，在外观和名称上有所不同，自此底盘的实际意义便成了平台。

现代的轿车车身结构变成了无车架的承载式，将底盘所包含的部件直接安装在车身上。这样一来，底盘所包含的部分为将发动机和变速器的动力传递至轮胎的传动系统、装有轮胎的悬架、转向系统以及制动系统，而这还不是底盘的准确定义。

如今，作为平台的底盘，有的是指可安装底盘部件的主体部分，也有的是指安装了悬架的主体部分，还有的是指到汽车地板为止的部分，因此底盘便成了一个泛指车身和驱动系统的概念性名称。

发动机

变速器

■ 非承载式的车架结构

在非承载式的车架结构中，安装发动机、变速器等部件的整体结构称为底盘，只需要安装上座椅即可驾驶。如今，卡车等重型汽车多采用非承载式的车架结构，因为它们的车身依然需要很大的强度。

前置前驱（FF）的底盘部件

采用前置前驱方式的底盘部件大致分为前半部和后半部两大部分，主要的零部件有发动机、变速器、驱动轴、悬架、轮胎、车轮、转向系统、制动器等。前半部以车架为基体，悬架、驱动轴、制动系统等都固定在车架上。

■ 前置前驱底盘的主要构成部件

底盘——动力总成

动力总成包括差速器、驱动轴等部件，主要功能是传递驱动力

动力总成——为轮胎传递动力

动力总成的主要功能是将发动机的动力传递到驱动轮中，主要由变速器、驱动轴、差速器等组成，在前置后驱的驱动方式中还有传动轴。

前置前驱的驱动方式中，变速器和差速器是一体的，因此可以将动力直接从变速器传递到驱动轴上，最终传递至驱动轮。

前置后驱（FR）的驱动方式中，后轮为驱动轮，因此要先将动力传递到后侧传动轴上。后侧传动轴与安装在后侧的差速器相连，将动力向左右两个驱动轮进行分流。

■ 前置后驱的动力总成

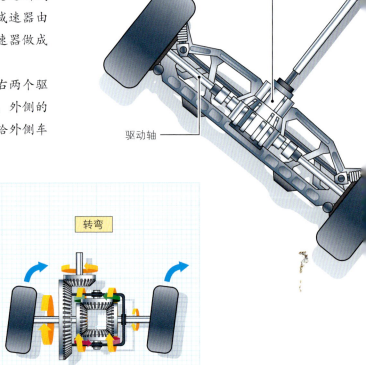

主减速器和差速器

汽车运转需要很大的扭矩，通过扭矩可以降低或增加转速，变速器工作将速度逐渐减小，最终在主减速器内完成减速。主减速器由主动齿轮和从动齿轮组成，一般与差速器做成一体。

差速器在汽车转弯时工作，为左右两个驱动轮提供不同的转速。当汽车转弯时，外侧的车轮比内侧的行驶距离长，因此分配给外侧车轮的速度要更大些。

■ 差速器的工作原理

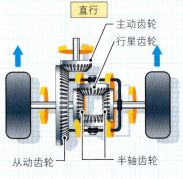

左右轮胎受到的地面摩擦力相同，因此行星齿轮公转，从动齿轮带动半轴齿轮转动，左右车轮的转动速度相同。

左右轮胎受到的地面摩擦力不同，因此行星齿轮自转，通过半轴齿轮的调整，外侧车轮的转动速度变快，内侧车轮的转动速度变慢。

传动轴

前置后驱（FR）的动力总成中还有传动轴，用来将动力从变速器传递至差速器。传动轴要质量轻，且具有较大的扭转刚性和弯曲强度，因此一般使用钢管来作传动轴的材料。汽车行驶时会产生振动，连接变速器和差速器的传动轴的角度也会随之发生变化，因此在传动轴的两端还需要安装万向节。当传动轴需要加长时，可以将传动轴分为几段，通过轴承将轴的中间部分固定在车身上。

近年来的车辆设计为了保证轻量化，会使用碳纤维强化塑料材质的传动轴。

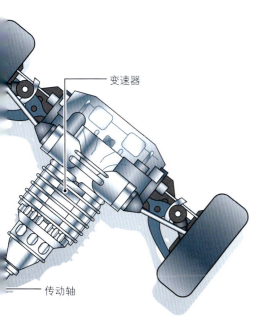

驱动轴

驱动轴是最终将动力传递到驱动轮的旋转轴，它与差速器的半轴齿轮相连。驱动轴在前置前驱方式中将动力从变速器中的差速器传递至前轮轮毂，在前置后驱方式中将动力从后轮中央的差速器传递至后轮轮毂。与车轮相连的驱动轴会上下浮动或伸缩，因此在其两端装有等速万向节。驱动轴的材料需要有较大的扭转强度和刚性，因此采用的是中空钢管。

■ 传动轴的结构

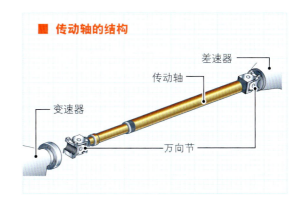

■ 驱动轴的示例

▲ 驱动轴
由中间的轴及其两端的等速万向节组成，左侧与轮毂连接，右侧与差速器连接

（照片来源：NKN公司）

知识链接

转向节

转向节的作用是连接固定在车轮上的轮毂、悬架、减振器、转向横拉杆端等，也可用于支撑车轮。驱动轴为轮毂传递动力，它通过转向节的内侧嵌入到轮毂中。此外，制动器也安装在转向节上。转向节主要用于连接轮胎周围的各种零部件，同时也是车身的承重部分，因此转向节非常结实。

■ 转向节周围的零部件

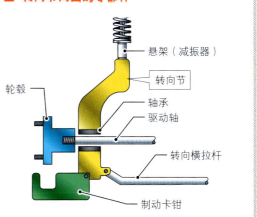

底盘——轮胎

轮胎的作用是将汽车的"行驶、转向、制动"传递到路面上，它是保证汽车安全行驶的重要部件

轮胎的作用及结构

轮胎具有4大作用。

- 支撑作用：承受汽车自重、乘员、行李等负载。
- 驱动及制动作用：将启动及加速时的动力和制动力传递到路面。
- 缓冲作用：吸收或减缓行驶中来自于路面的冲击。
- 转向及保持作用：控制转向，同时也能保持车辆直线行驶。

轮胎常在变形状态、高速转动、热量、冲击的情况下工作，它需要有较好的强韧性和柔软性，因此轮胎的材料中有橡胶、线束、纤维等，它们通过一系列复杂工艺组合成轮胎。轮胎的表面印有花纹，这些花纹直接与路面接触，它们除了将驱动力、制动力传递到路面上外，还起到防止轮胎打滑或横向滑移的作用，提高了驾驶操作的稳定性。此外，轮胎对汽车耗油量的影响也很大。

■ 轮胎花纹

普通花纹

适用于路况较好的路面（如铺装路、高速路等），直行稳定性和排水性好，因此普遍应用于轮胎上。

横向花纹

适用于非铺装路面，驱动力和制动力较好，多应用于吉普等车型。

混合花纹

适用于雪泥、碎石等路况较差的路面，驱动力和制动力较好，一年四季都可使用。

■ 轮胎的结构

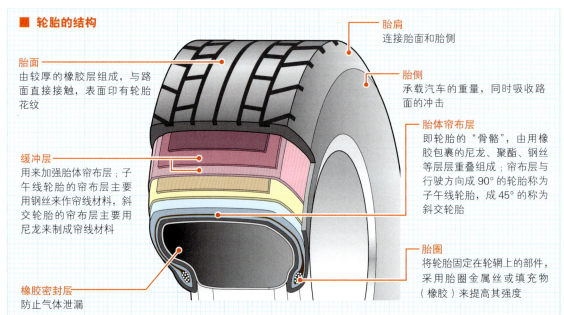

胎面
由较厚的橡胶层组成，与路面直接接触，表面印有轮胎花纹

缓冲层
用来加强胎体帘布层；子午线轮胎的帘布层主要用钢丝来作帘线材料，斜交轮胎的帘布层主要用尼龙来制成帘线材料

橡胶密封层
防止气体泄漏

胎肩
连接胎面和胎侧

胎侧
承载汽车的重量，同时吸收路面的冲击

胎体帘布层
即轮胎的"骨骼"，由用橡胶包裹的尼龙、聚酯、钢丝等层层重叠组成；帘布层与行驶方向成90°的轮胎称为子午线轮胎，成45°的称为斜交轮胎

胎圈
将轮胎固定在轮辋上的部件，采用胎圈金属丝或填充物（橡胶）来提高其强度

轮胎的类型

轮胎可分为有内胎的和无内胎的，近年来乘用轿车普遍使用的是无内胎轮胎。此外，轮胎还可以分为用于冰雪路面的雪地轮胎和泄气保用轮胎。

无内胎轮胎

轮胎的内部附有的橡胶层称为橡胶密封层，它起到内胎的作用，防止气体泄漏。在行驶过程中，即使轮胎被钉子刺穿也不会急速漏气，仍然能继续安全地行驶。

雪地轮胎

雪地轮胎主要用于冰雪道路。在过冷的冰雪路面上行驶，要求雪地轮胎依然能发挥其作用，因此雪地轮胎所采用的材料在低温环境下也应该保持其柔软性。此外，为了除去冰面上的水膜，雪地轮胎胎面上的细小沟槽比普通轮胎的更多。

泄气保用轮胎

泄气保用轮胎的侧壁是加强型的，即使爆胎，轮胎也不会立刻泄气变扁，依然能以80km/h的速度行驶80km。在驾驶员不知道爆胎的情况下，可能依然会以80km/h以上的速度行驶，或行驶距离超过80km以上，因此装有泄气保用轮胎的汽车必须安装轮胎压力检测系统，能够在爆胎时发出轮胎压力异常的警告。

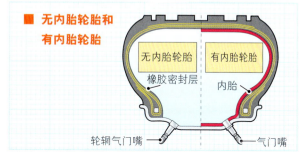

■ 无内胎轮胎和有内胎轮胎

◀ 雪地轮胎的胎面

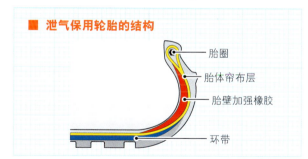

■ 泄气保用轮胎的结构

> **知识链接**
>
> ## 轮胎规格的标记方法
>
> 轮胎规格的标记方法有很多，下面介绍的是普通乘用车常用轮胎的标记方法。
>
> 195 / 60 R 14 86 H
> ①   ② ③ ④ ⑤ ⑥
>
> ① 断面宽度：表示轮胎断面的宽度，单位为毫米。
> ② 扁平比：轮胎断面的高度与宽度比，一般乘用车的扁平比为40%～70%。
> ③ 轮胎结构：R表示子午线结构，"-"表示斜交结构。
> ④ 轮辋直径：轮辋的直径，单位为英寸。
> ⑤ 载重指数：表示轮胎可承受的最大载荷。
> ⑥ 速度级别：表示轮胎可承受的最高行驶速度，H表示210km/h。

（照片来源：普利司通公司）

底盘——车轮

车轮与轮胎组成了车轮总成

车轮的作用与结构

车轮是指支撑整个轮胎的圆桶形部件，它与轮胎一起承受汽车的重量，同时将驱动轴的动力传递至轮胎。为了保持车轮不变形，其结构和材料要耐冲击、耐疲劳，其外形设计还要有较好的视觉效果。如果车轮较轻，则会有良好的移动性，因此车轮的轻量化也是非常重要的研发课题。

车轮主要由两部分组成：一是轮辐，连接轮毂和轮辋，同时支撑轮辋；二是轮辋，起到支撑轮胎的作用。大部分车轮都是由轮辐和轮辋两部分组成，还有少部分的车轮由三部分组成，如合金轮毂等。

■ 车轮的结构

单件式
轮辋和轮辐成一体，主要应用于赛车，优点是精度高、重量轻。

两件式
轮辐与轮辋通过焊接连在一起，这是近年最常见的车轮结构，轮辐的设计更加灵活，轮毂的偏移自由度高。

三件式
外侧轮辋、内侧轮辋、轮辐通过对穿螺栓固定在一起，这种轮毂的设计方式最灵活。

轮辋 用来安装并支撑轮胎的部件

轮辐 连接轮毂和轮辋的部件，同时还起到支撑轮辋的作用

▲ 车轮

车轮的类型

按照材质的不同,车轮可分为钢制车轮和轻合金车轮,轻合金车轮又分为铝合金车轮和镁合金车轮。

钢制车轮

与铝合金车轮相比,钢制车轮更重,价格更便宜。钢制车轮的轮辐是由钢板加压成型的,然后将轮辐与轮辋焊接到一起。此外,有的钢制车轮采用的是将轮辋和轮辐一体成型的加工方法。

▲ 钢制车轮

铝合金车轮

车轮主要部件的材料都是铝合金,如轮辋、辐条、轮毂等。铝合金车轮的结构有单件式、两件式、三件式,件数越多的重量越轻,但价格也越贵。铝合金车轮的制造方法有锻造和铸造两种,采用锻造方法制造出来的车轮更轻,且强度更高,价格也更贵。

▲ 铝合金车轮

镁合金车轮

镁合金车轮的重量比铝合金车轮的轻,一般采用镁合金车轮的汽车行驶性能更高,耗油量更少,但由于其价格昂贵,且后期维护较难,因此这类车轮不常使用在普通乘用车上,只应用于部分赛车上。

▲ 镁合金车轮
(照片来源:Rayze公司)

> **知识链接**
>
> ### 车轮规格的标记方法
>
> 下面介绍普通乘用车的车轮规格标记方法。
>
> ① 轮辋直径:表示轮辋的直径,单位为英寸;轮辋可安装于内径与其直径相等的轮胎中。
>
> ② 轮辋宽度:表示轮辋的宽度,单位为英寸;轮辋可安装于规定的适用宽度的轮胎。
>
> ③ 轮廓代号:轮辋的轮廓有J、JJ、B等规格,代号"×J"表示×in的J规格形状。
>
> ④ 螺栓孔数:表示螺栓孔的数量。
>
> ⑤ 螺栓孔节圆直径(P.C.D):表示轮毂螺栓孔的节圆直径,单位为毫米。
>
> ⑥ 偏距:表示安装面与轮毂中心线的距离,单位为毫米;偏距在中心线外侧为"+",在内侧为"-"。
>
> $$\underline{18} \times \underline{7.5} \; \underline{J} \; \underline{5} - \underline{114.3} + \underline{50}$$
> ① ② ③ ④ ⑤ ⑥
>
>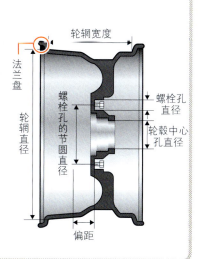

底盘——前悬架

悬架是汽车的重要部件，与乘坐舒适性和操纵稳定性密切相关

悬架的工作原理

悬架的主要功能有，缓和凹凸路面作用在车轮上的冲击，决定车轮及车轴的位置，提高车轮对路面的抓地性等。因此，悬架对汽车的乘坐舒适性和操纵稳定性有一定的影响。

悬架的主要部件有，决定车轴位置的悬架臂，承受车身重量、吸收冲击力的弹性元件，对振动进行衰减的减振器，有些汽车的悬架上还装有稳定器，用来防止车身在转向时发生过大倾斜。悬架可分为非独立悬架和独立悬架两大类。

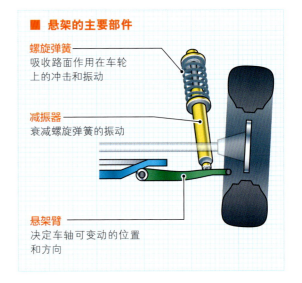

■ 悬架的主要部件

螺旋弹簧
吸收路面作用在车轮上的冲击和振动

减振器
衰减螺旋弹簧的振动

悬架臂
决定车轴可变动的位置和方向

■ 悬架的类型

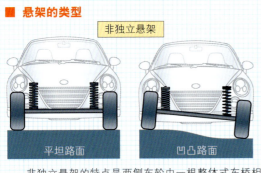
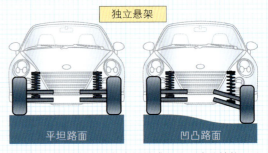

非独立悬架的特点是两侧车轮由一根整体式车桥相连。安装有这类悬架的汽车行驶在凹凸不平的路面上时，轮胎会倾斜，无法充分保证轮胎的抓地性。

独立悬架的特点是将车桥做成了分开式的结构，两侧的轮胎相对独立。安装有这类悬架的汽车即使行驶在凹凸不平的路面上，轮胎也不会倾斜，保证轮胎保持充分的抓地性。

■ 螺旋弹簧

螺旋弹簧的作用是承受车身重量，并吸收路面作用在车轮上的冲击和振动。除了螺旋弹簧以外，还有用若干钢板重叠成的钢板弹簧和利用扭杆产生扭转弹性变形的扭杆弹簧，也可起到同样的作用。

■ 减振器

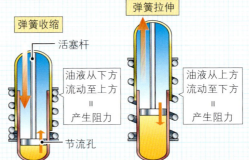

虽然螺旋弹簧能够吸收冲击，但要将全部冲击产生的振动完全吸收，还需要经过一定的时间，因此就需要用到减振器。

前悬架的类型

悬架的发展从简单到复杂，出现过各种形式。前悬架的形式主要有麦弗逊滑柱连杆式、双叉臂式、多连杆式等。

麦弗逊滑柱连杆式悬架

麦弗逊滑柱连杆式悬架将螺旋弹簧与减振器安装在同一轴上，与车轮形成几乎垂直的状态，用来支撑车轮；下摆臂基本与路面平行，用来固定车轴的位置。

连杆的作用是吸收并减缓路面作用在车轮上的冲击，同时也承受车身重量，但这会妨碍减振器的平滑工作，因此这类悬架不适用于大型汽车等要求输出力大的车型。但麦弗逊滑柱连杆式悬架的结构简单，重量轻，价格低廉，因此在轿车上应用较多，特别是在前轮上普遍使用。

■ 麦弗逊滑柱连杆式悬架的结构

双叉臂式悬架

双叉臂式悬架主要由螺旋弹簧和减振器来支撑，安装有下叉臂和上叉臂，成双臂结构。由于其结构像是由叉骨（禽类的胸骨）包围着连杆，从而得名双叉臂式。

这类悬架有两个臂，因此具有较好的纵向刚性和横向刚性。此外，双叉臂式悬架的几何自由度高，可以细微调整轮胎的抓地面积。但这类悬架的结构复杂，其成本也很高。

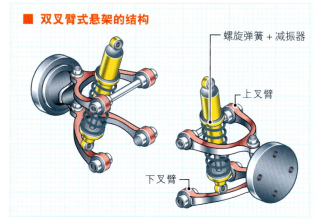

■ 双叉臂式悬架的结构

多连杆式悬架

多连杆式悬架由多根组合杆件一起控制车轮的位置。这类悬架由多根杆件支撑（一般是4根以上），提高了其横向刚性，即使悬架上下跳动，也能使车身处于相对平稳的状态。

虽然这类悬架的功能强大，但由于部件数量多，质量重且结构复杂，其成本也很高。

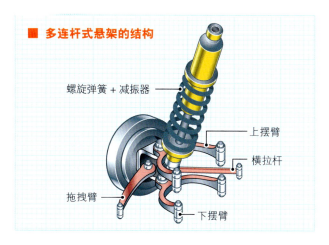

■ 多连杆式悬架的结构

底盘——后悬架

后悬架的设计不仅要考虑其性能，也要考虑行李厢及内室的空间和成本

后悬架的类型

后悬架与前悬架在结构上有很多相似之处，但后悬架附近装有传动轴、油箱等，就需要更多地考虑空间布局问题，因此后悬架的结构有多种形式。此外，前置前驱的汽车后侧有较大空间，因此可选择的后悬架结构形式更多。

扭转梁式悬架

扭转梁式悬架中，车轴与连接左右轮胎的纵向推力杆固定在一起，通过螺旋弹簧和减振器来缓和作用在汽车上的力。横向推力杆由扭转杆和扭转梁连接，随着扭转梁内部的扭转杆（弹簧）的动作，横向推力杆可以有一定程度的弯曲，从而形成一个可弯曲的结构。

扭转梁式悬架虽然是车桥悬挂式，但左右两个车轮在一定程度上依然可以独立运动。这种类型的悬架多应用于前置前驱方式汽车的后轮。

■ 扭转梁式悬架的结构

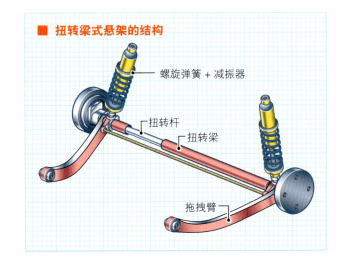

拖拽臂式悬架

在拖拽臂式悬架中，根据拖拽臂的位置，将由悬架臂操控的旋转轴安装在车轴前方。拖拽臂的旋转轴与车辆行驶方向垂直的结构称为全拖拽臂式，这种类型的悬架刚性较低。为了使悬架能够承受一些横向力，将拖拽臂倾斜，便成了半拖拽臂式。

拖拽臂式悬架的优点是结构简单且不受空间限制，因此多应用于后轮。

■ 拖拽臂式悬架的结构

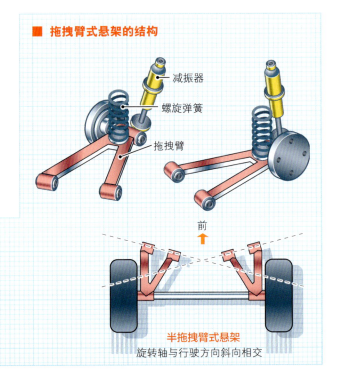

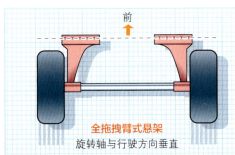

全拖拽臂式悬架
旋转轴与行驶方向垂直

半拖拽臂式悬架
旋转轴与行驶方向斜向相交

空气悬架

空气悬架中，用密封了气体的空气弹簧来代替旋转弹簧。空气弹簧的工作原理是，其中的气体体积压缩到1/2时，其压力和反弹力均变为原来的2倍。

当汽车上有乘客和行李时，空气悬架的推力上升；当乘客下车或卸下行李时，空气悬架的推力又恢复到初始。此外，无论搭载多少重物，弹簧中的空气都不会消失，因此悬架不会接触到地面。这种类型的悬架适合应用于卡车及大巴。

■ 空气悬架

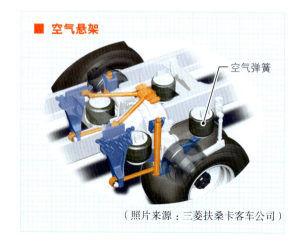

（照片来源：三菱扶桑卡客车公司）

知识链接

车轮定位

车轮定位是指调整轮胎转动的方向、路面与轮胎之间角度等。车轮定位有3个重要的角度参数——外倾角、主销后倾角、前束角。

从汽车的前方或后方看，轮胎相对于路面略微倾斜，这个倾斜的角度就称为外倾角。一般承受汽车载荷的轮胎有向外侧倾斜的倾向，因此在定位时要将外倾角设为向内侧倾斜的角度。

从汽车侧面看，转向轮上的转向主销向后倾倒，主销中心线与铅垂线间的夹角称为主销后倾角。

从汽车正上方看，轮胎相对于行驶方向的角度称为前束角。轮胎相对于行驶方向有向外扩的倾向，因此轮胎在安装时要向内侧倾斜。

总之，设置各角度参数的目的是保持汽车直线行驶时的稳定性。

双横臂式悬架及多连杆式悬架的几何自由度较高，因此细微调整轮胎相对于路面间的角度，就可以使汽车在凹凸路面行驶时保持较好的稳定性。

车轮的位置与悬架的安装位置、臂的长度等都有关系。通过对车轮定位的研究，不仅可以提前设定好行驶中悬架的相应参数，还可以抑制制动时的俯冲及加速时的抖动。

■ 车轮定位的角度参数

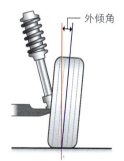

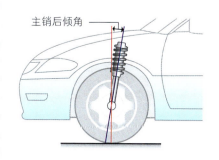

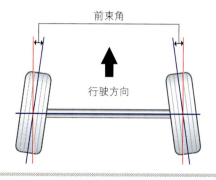

底盘——转向系统

汽车转向系统的主要部件有转向盘、转向器、转向横拉杆等

转向系统的工作原理

转向系统的作用是将驾驶员的转向意愿传递到轮胎，从而使汽车改变方向。一般轿车的两个前轮为转向轮。

驾驶员直接操纵的部件称为转向盘，它的旋转运动通过转向轴传递至转向器，变为往复运动。这个往复运动再通过转向横拉杆和转向器传递至轮胎。

如今大部分汽车都装有助力转向系统，用来控制汽车的转向。助力转向系统有液压式和电动式两种类型：液压式通过向转向器施加液压的方式来辅助驾驶员的转向操作；而电动式则不需要使用发动机的动力，更加节省燃料，因此近年来采用电动阻力转向系统的汽车较多。电动式转向系统的电动机根据车型的不同，其转向轴、转向器等部件的安装位置不同。

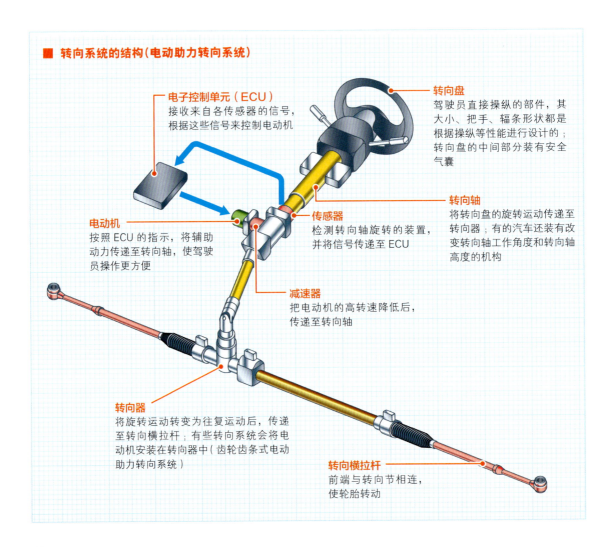

■ 转向系统的结构（电动助力转向系统）

电子控制单元（ECU）
接收来自各传感器的信号，根据这些信号来控制电动机

转向盘
驾驶员直接操纵的部件，其大小、把手、辐条形状都是根据操纵等性能进行设计的；转向盘的中间部分装有安全气囊

电动机
按照ECU的指示，将辅助动力传递至转向轴，使驾驶员操作更方便

传感器
检测转向轴旋转的装置，并将信号传递至ECU

转向轴
将转向盘的旋转运动传递至转向器；有的汽车还装有改变转向轴工作角度和转向轴高度的机构

减速器
把电动机的高转速降低后，传递至转向轴

转向器
将旋转运动转变为往复运动后，传递至转向横拉杆；有些转向系统会将电动机安装在转向器中（齿轮齿条式电动助力转向系统）

转向横拉杆
前端与转向节相连，使轮胎转动

转向器

转向器是将转向轴的旋转运动通过齿轮和齿条转变为横向往复运动的机构。转向器中，齿轮外侧的轮齿和齿条的棒状轮齿进行啮合。齿条的前端通过球头销与转向横拉杆连接在一起。球头销上有防尘罩，主要是为了防止润滑油泄漏或有异物掉进球头销内。

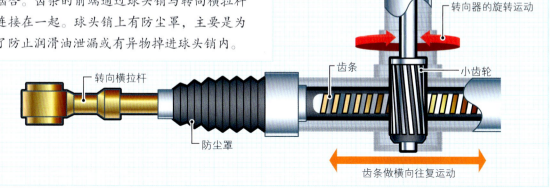
■ 转向器的工作原理

转向横拉杆

转向横拉杆的一端是齿条，另一端通过球头销与转向节相连。转向横拉杆做横向运动，带动转向节转动，使转向轮偏转。由于路面不平，轮胎和转向节会产生跳动，因此在拉杆和方向节之间安装球头销，即使两者之间存在角度，也能顺利实现力的传递。为了设置轮胎的转动角度，拉杆的长度可以任意调节（即前束角的调整）。

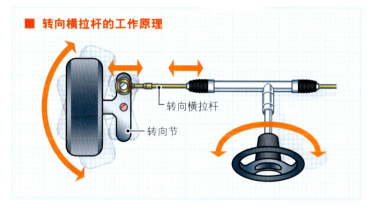
■ 转向横拉杆的工作原理

线控转向系统

线控转向系统中，转向盘和转向轮之间不需要机械连接，系统中的传感器能够感知转向盘的旋转角度，通过电子控制单元（ECU）控制电动机，使转向轮完成转向。线控转向系统作为新一代备受瞩目的转向系统，具有很多优点。

① 系统通过电子控制单元（ECU）进行控制，因此可无延迟地实现驾驶员的意愿，顺畅驾驶。

② 系统可根据汽车的行驶目的，自由地设计操作特性，供驾驶员选择。

③ 在撞车事故中，避免了转向轴突出对驾驶员的伤害，提高了汽车的安全性。

■ 线控转向系统的工作原理

底盘——行车制动系统

行车制动系统利用摩擦现象将动能转换成热能，使汽车减速或停止

行车制动系统的组成与类型

行车制动系统由制动踏板、助力器、油压机构、制动器（制动钳、制动衬块、制动盘等）组成。行车制动系统在行驶过程中需要用脚操作，因此俗称脚刹。踩下制动踏板，制动油液的压力上升，将制动力专递至制动器。

制动器分为鼓式制动器和盘式制动器，两者都是将摩擦力转换为热能来实现安全停车的。

■ 制动系统的结构

盘式制动器

盘式制动器中，制动盘与轮毂相连，同步进行旋转运动，制动钳内的制动衬块从两侧夹紧制动盘，从而产生制动。一般制动衬块的一侧固定在制动钳上，另一侧通过油压将制动盘压紧。

盘式制动器是暴露在外部的，因此更容易将产生的热能释放到大气中。

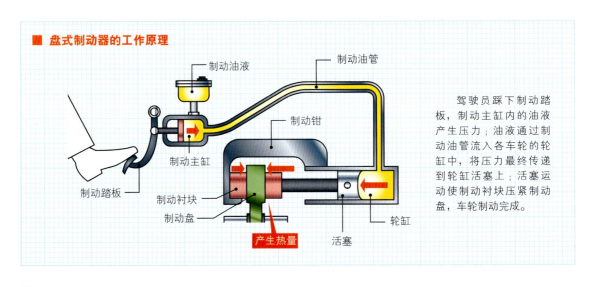

■ 盘式制动器的工作原理

驾驶员踩下制动踏板，制动主缸内的油液产生压力；油液通过制动油管流入各车轮的轮缸中，将压力最终传递到轮缸活塞上；活塞运动使制动衬块压紧制动盘，车轮制动完成。

鼓式制动器

鼓式制动器中，筒型制动鼓内侧与轮毂相连，同步进行旋转运动，制动鼓内侧有一对制动蹄，上面贴有用摩擦材料制成的摩擦衬片，当制动蹄压紧制动鼓时实现制动。鼓式制动器由于其构造的原因，本身具有自增力的作用。

这种制动方式虽然制动性高，但是散热性差，容易产生热衰退现象。此外，鼓式制动器内进水后，其恢复性较差。

*热衰退现象：指制动器由于温度迅速上升而导致摩擦力矩显著下降的现象。

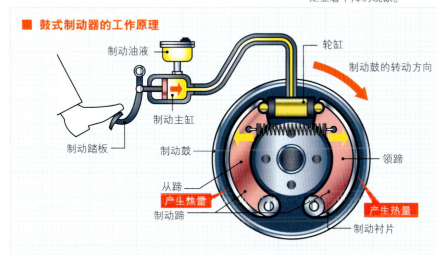

■ 鼓式制动器的工作原理

当油压传递至轮缸时，轮缸中的活塞将制动蹄压紧到制动鼓上引起摩擦，从而实现制动。行驶方向侧的制动蹄称为领蹄，另一侧的则称为从蹄。领蹄压紧转动的制动鼓时，其张开方向与制动鼓转动的方向一致，所以制动鼓作用于领蹄的压力大于轮缸作用于领蹄的促动力。这种作用称为增力作用，因此在鼓式制动器中不需要再额外安装助力器。

助力器

助力器的主要作用是辅助驾驶员增加踩下制动踏板的踩踏力，使制动系统得到充分的制动力。助力器安装在制动踏板和制动主缸之间，由动力气缸及其内部的动力活塞、与制动踏板联动的真空阀等组成。

近年，大部分汽车上都装有助力器，使用最广泛的是利用负压与大气压之间的压差来增加制动力的真空式助力器。

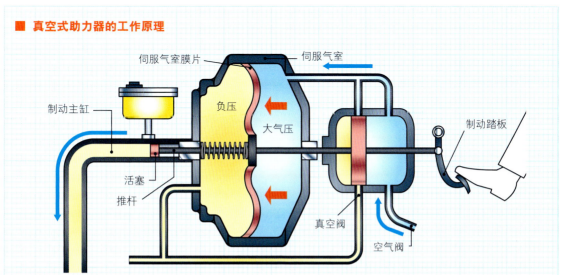

■ 真空式助力器的工作原理

伺服气室内部由膜片隔开。发动机处于工作状态时，踩下制动踏板前，气室内的两腔相互连通，都处于负压状态；踩下制动踏板后，真空阀关闭，膜片左侧腔和右侧腔隔绝，左侧腔处于负压状态，右侧腔处于大气压状态，因此膜片两侧出现压力差而产生推力，推动制动主缸的活塞，使油压升高。

底盘——驻车制动系统

驻车制动系统除了在停车时使用外，还可以在紧急制动时使用，因此所有汽车都有驻车制动系统

驻车制动系统的工作原理

驻车制动系统除了在停车时使用外，还能在行车制动系统故障时用来紧急制动。通过驾驶员的操纵，驻车制动系统中的的钢丝拉线连接到后制动蹄上，实现对汽车的制动。近年，

有些驻车制动系统是通过按钮操纵，利用电动机将钢丝拉线连接到后制动蹄上。

■ 驻车制动系统的结构

驻车制动系统由手刹拉杆的手柄部、与拉杆相连的连接杆、左右均匀分配力的均衡器、与均衡器相连的左右手刹拉线、在拉线末端连接的制动器组成。驻车制动系统中的制动器通常是盘式结构，制动力较小，因此还需要附加一个鼓式制动器。

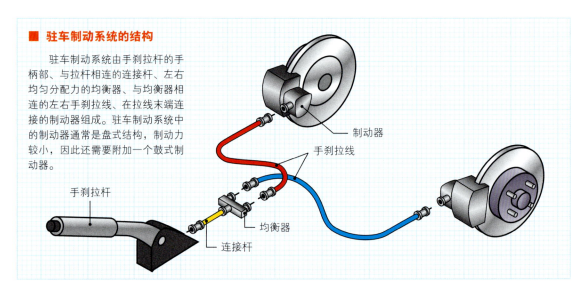

■ 驻车制动系统的原理

如果想让驻车制动系统在停车时一直处于制动状态，则手刹拉线也必须处于拉紧状态。因此在驻车制动系统中装有棘轮，用棘爪卡住棘齿的方式来保持拉线的拉紧状态。汽车启动时需要解除驻车制动，侧杆式是通过按动按钮的方式来解除；拉杆式是通过拉动拉杆的方式来解除。此外，还有脚踩式解除驻车制动，这种制动包括踩下制动踏板的类型和带有解除手柄的类型。还有一类驻车制动系统可以在启动时自动解除制动。

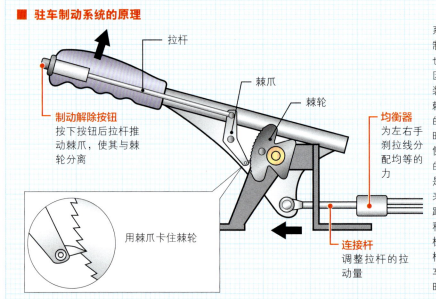

驻车制动系统的类型

驻车制动系统的类型有很多。到20世纪70年代初，有很多汽车的前排座椅还是长凳类型的，因此汽车大多采用拉杆式驻车制动系统；随后，大部分汽车的前排座椅设计成分离式的，汽车普遍开始采用传统的侧杆式驻车制动系统；随着自动变速器的普及，脚踩式制动系统逐渐发展起来；近年，有不少汽车采用电子式驻车制动系统。

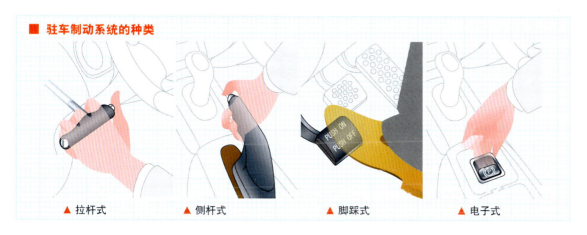

■ 驻车制动系统的种类

▲ 拉杆式　　▲ 侧杆式　　▲ 脚踩式　　▲ 电子式

防抱死制动系统（ABS）

汽车在行驶过程中制动，轮胎与地面产生很大的摩擦力使汽车减速，但是当制动器的制动力大于轮胎与地面的摩擦力时，就会产生轮胎抱死，即轮胎不转了，出现滑动现象。如果出现了这种现象，则路面与轮胎间的摩擦力变小，随后制动力也下降，最后甚至连转向盘也不受控制了。

为了防止出现轮胎抱死的现象，近年来的汽车大都装有防抱死制动系统。防抱死制动系统根据车轮上的车速传感器传来的速度信号，判断出车轮即将抱死时，能够让制动油压下降，减小制动力，从而防止轮胎抱死。

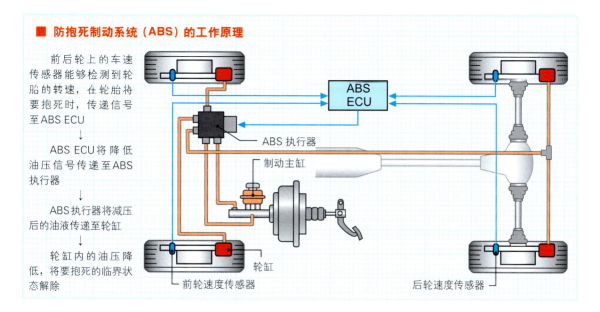

■ 防抱死制动系统（ABS）的工作原理

车身——结构和材料

乘用车大多采用重量轻、刚性大的承载式车身结构

■ 承载式车身结构的示例

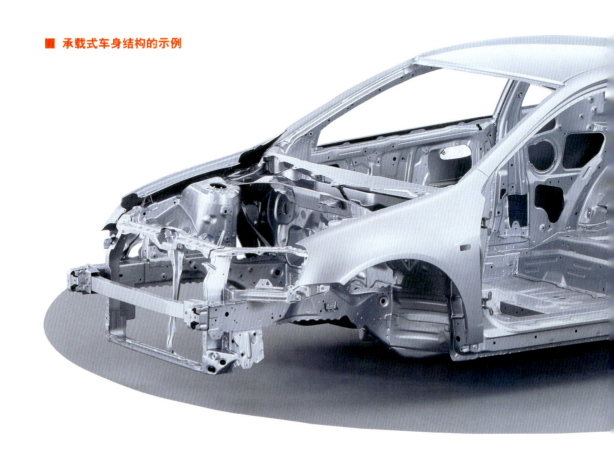

承载式车身的结构

早期的汽车上有独立的车架，底盘的各部件要安装在车架上，车身也是在车架的基础上进行构建的。但是现代的汽车为了提高运动性和撞击安全性，节省燃料等，需要车身轻量化和高刚性化，因此现在大部分的汽车都采用整车骨架的承载式车身。

承载式车身由车身内外板制成一个构造体，在行驶过程中可以将振动及冲击均匀分布到车身整体，从而保证车身的刚性。这种车身比非承载式车身的车架更轻，同时能确保车室空间宽敞，在受到撞击时其能量的吸收性能也更好。

构成车身的材料大部分是钢板（一般用冷轧碳钢薄板及钢带，SPCC）。近年有些车身也会使用刚性更好的高张力钢板和超高张力钢板，使车身变得更薄更轻；但这类材料的缺点是价钱较高，且成型度比普通冷轧碳钢板及钢带低。

还有部分汽车为了实现轻量化，除了采用承载式车身以外，还采用了树脂材料来制成翼子板和发动机盖。

承载式车身的构成

承载式车身的构成是先将骨架、顶盖、地板等接合,然后在此接合体上安装车门、发动机盖等覆盖件。这种壳体被称为白车身。除了白车身以外,承载式车身的组成部件还包括由玻璃制成的车窗、由树脂制成的前后保险杠等。

汽车覆盖件是指制成发动机盖、车门、顶盖等外形部件的钢板,覆盖件中不仅有构成承载式车身的部件(如顶盖),还有不会影响车身刚性的部件(如翼子板)。

■ 承载式车身的零部件

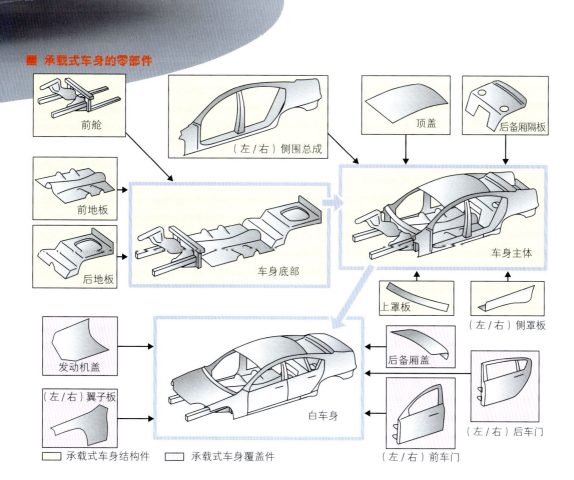

车身——车门和保险杠

车门为驾驶员和乘员提供出入车辆的通道,它不仅需要有较好的密封性,还需要有开合的便利性及耐久性

车门的类型与结构

组成车门的部件有使车门玻璃升降的窗框、玻璃导轨、升降器,支撑门框总成的车门板,用于车门开合的铰链以及门锁等。

行驶中的汽车是一个整体,因此车门的铰链和门锁也要有一定的刚性。此外,对窗框的刚性也有一定的要求,如果窗框刚性不足,则汽车在高速行驶时就无法承受气流的负压,导致车身和车门之间产生缝隙,出现漏风情况。

一般乘用车采用的是铰链式车门,而一些面包车及商务车等采用的是水平移动式车门。水平移动式车门的优点是打开车门后进出车辆的通道大,且车门不会向外超出很多,因此在车身一侧与障碍物距离较短的情况下仍能全部开启;缺点是车门较重,价格高,后侧部分可设计的灵活度低等。

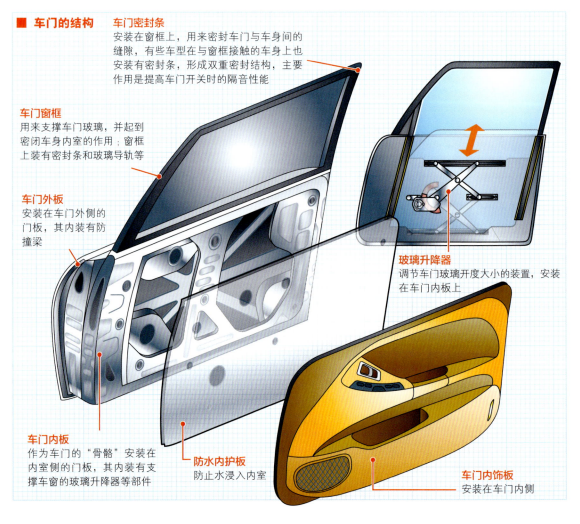

■ 车门的结构

车门密封条
安装在窗框上,用来密封车门与车身间的缝隙,有些车型在与窗框接触的车身上也安装有密封条,形成双重密封结构,主要作用是提高车门开关时的隔音性能

车门窗框
用来支撑车门玻璃,并起到密闭车身内室的作用;窗框上装有密封条和玻璃导轨等

车门外板
安装在车门外侧的门板,其内装有防撞梁

玻璃升降器
调节车门玻璃开度大小的装置,安装在车门内板上

车门内板
作为车门的"骨骼"安装在内室侧的门板,其内装有支撑车窗的玻璃升降器等部件

防水内护板
防止水浸入内室

车门内饰板
安装在车门内侧

无框车门

有些汽车安装了没有窗框只有玻璃的无框车门，由于没有窗框，所以车门和车身之间是通过车门玻璃和车身密封件来直接接触。这种车门上用来支撑车门玻璃的只有车门板，因此为了防止车窗的刚性降低，需要将车窗玻璃加厚，并提高玻璃支撑部件的强度。

为了保证车门在关闭时有较好的密封性，有些无框车门上装有电动车窗，用来保证车门玻璃和车身密封件之间形成咬边的结构。

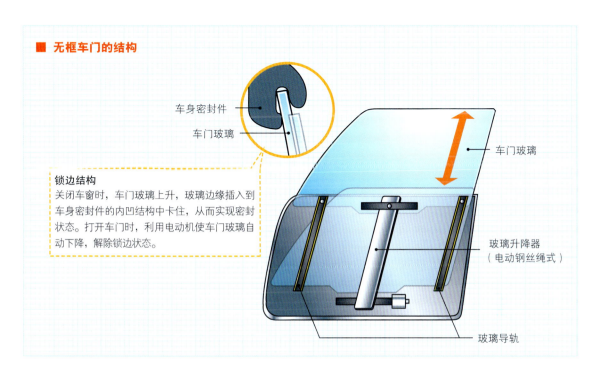

■ 无框车门的结构

锁边结构
关闭车窗时，车门玻璃上升，玻璃边缘插入到车身密封件的内凹结构中卡住，从而实现密封状态。打开车门时，利用电动机使车门玻璃自动下降，解除锁边状态。

保险杠

保险杠最初的作用只是减轻轻微撞击对车体的影响，看上去并不美观。近年，大部分汽车的保险杠都被涂装成与车身一样的颜色，作为车身的一部分来整体设计。此外，很多车型的前保险杠与散热器罩、前照灯组合在一起进行设计。为了防止前照灯被物体或行人轻微撞击时受到损坏，保险杠也依然作为功能部件来设计。

保险杠与车架安装在一起，通过汽车悬架固定在车身上。保险杠的材料选择要考虑到弹性强度及是否能回收，因此大部分保险杠选用的材料是聚丙烯（PP），并通过注塑成型。

▲ 保险杠的示例
前保险杠（上图）和后保险杠（下图）

车身——车窗和安全车身

对车窗和车身骨架结构的设计要考虑其安全性

车窗及其玻璃的类型

车窗的类型有很多,如前风窗、后风窗、门窗、三角窗等。在汽车行驶过程中,为了确保驾驶员的视野,车窗需要清晰,透过车窗看到的事物不能歪曲。

车窗所使用的玻璃有夹层玻璃和钢化玻璃两种。夹层玻璃由两层玻璃制成,其间通过透明的黏结材料进行黏合。这种类型的玻璃多用于前风窗及遮阳顶窗,优点是玻璃破裂后碎片不会飞溅,在行驶过程中也不会让飞来碰撞的物体贯穿进入车室内。钢化玻璃是将玻璃加热到较高的温度后再急剧冷却,从而提高其强度,玻璃在破碎后成颗粒状,不会伤到人。这种类型的玻璃多用于门窗及后风窗。

除夹层玻璃和钢化玻璃以外,还有在雨天能提高视野的不沾水玻璃,防红外线和紫外线、提高乘员舒适性的IR&UV CUT玻璃。有些车窗玻璃中还嵌有天线及平视显示器(HUD)等。

■ 车窗的类型

前风窗　前门窗　后门窗　　三角窗　后风窗

■ 车窗玻璃的类型

▲ 出现裂纹的夹层玻璃
夹层玻璃中间由透明的黏结材料黏合,受到冲击破裂后其残片也不易飞溅

▲ 破碎的钢化玻璃
钢化玻璃有较好的强度,受冲击破碎后成颗粒状,不会伤到人

(照片来源:AGC 旭硝子股份有限公司)

安全车身

在设计车身结构时，应考虑当发生不可避免的碰撞时，车身结构一定要能保证乘员的安全。对车身结构的要求，一是要在汽车受到碰撞时，车身非乘客舱的部分能产生较大的变形，从而吸收碰撞冲击力（吸收冲击的车身）；二是要保护车室内的乘员，将乘客舱设计成既坚固又结实的构造（高强度的乘客舱）。汽车的两侧没有吸收冲击的空间，因此要利用中柱及地板横梁来加强侧面强度，同时车门的横梁也要能承受住较大冲击。此外，对于没有设计中柱的汽车，要加强前车门后侧及后车门前侧的强度，且与车身的连接要更紧。

汽车通过安全车身的构造，能够在发生碰撞时减少人员的伤亡。

■ 安全车身的结构

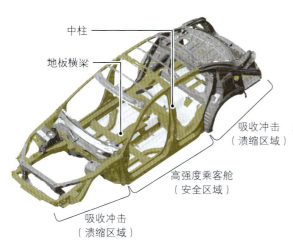

▲ 车门横梁

▲ 无中柱汽车的加强结构

弹起式发动机罩——保护行人

当行人与汽车正面发生碰撞时，弹起式发动机罩的后侧弹起，创造出能够吸收冲击的空间，从而减轻撞击对行人的伤害程度。

安装在汽车上的传感器检测到与行人发生碰撞后，将信号传递至发动机后侧的执行器上，设置在铰链两侧的执行器就会使发动机罩弹起。发动机罩弹起后，在罩与发动机之间形成缓冲空间，通过发动机罩的变形来吸收其对行人头部的冲击，从而减轻行人的受伤程度。

■ 弹起式发动机罩的工作原理

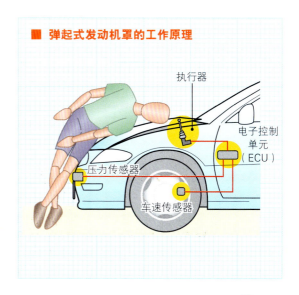

汽车装备——构成和内饰

汽车装备不仅包括内饰件和外饰件，还有很多与安全性相关的部件

汽车装备的构成

汽车装备既包括与行驶、转向、制动相关的基本部件，又包括提高乘坐舒适性、操纵稳定性及安全性的部件（汽车装备也包含仪表等电气设备，但在此暂不讨论），主要组成有仪表板、中控台、座椅、地板等内饰件和外后视镜、前格栅、窗框饰条等外饰件。

近年大部分汽车内饰的设计形式是将车身部件全部隐藏起来。在外饰的设计中，有加强功能性的部件，如外后视镜和车门把手等，还有提高美观性的部件，如前格栅及其他装饰等。

■ 汽车装备的主要内饰件

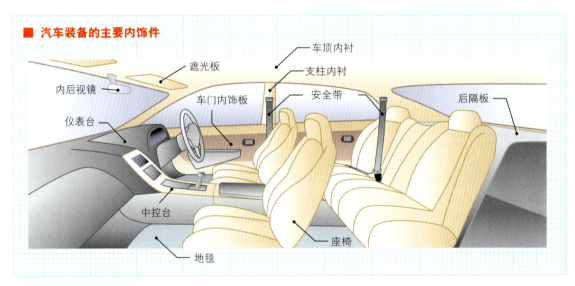

■ 汽车装备的主要外饰件

内饰

内饰件主要有顶部的车顶内衬、行李厢的后隔板、车门内侧的内饰板、车身支柱的内衬等，这些内饰件都是乘员能直接看到接触到的，因此它们的呈现效果、材料的质感及外形的设计都很重要。

内饰件中有很多功能部件，如各种开关、转向盘、扶手支架、车门内把手、装饰板、车门储物袋、密封条、消音材料等，此外还有铺在地板上起到隔音效果的地毯，遮挡正面照射进来的阳光的遮光板。

■ 主要的内饰件

▲ 内饰板（内衬）

▲ 车顶内衬

▲ 遮光板

▲ 地毯

（照片来源：住江织物股份公司）

仪表板和中控台

仪表板由装饰件、覆盖件、手套箱、出风口、仪表、音响、导航系统等多种装备及电子元件组成。仪表板内侧由铁质的管子及冲压成型的仪表板框架、空调的风管、电线束、安全气囊等组成。仪表板的表面软板通过加压成型等各种加工方法制成，主要目的是提高其设计感和材料质感。

中控台一般是与仪表板分开的独立部件，只是从外观看起来像连在一起的。扶手、小型储物盒、多种操作按钮等都属于中控台部件。

▲ 仪表板示例

▲ 中控台示例

汽车装备——座椅和后视镜

座椅、安全带、后视镜都是关系到汽车安全的重要部件，需要正确的安装操作并及时调整

座椅的结构和作用

座椅能够稳固地支撑驾驶员的身体，驾驶员可以根据驾驶操作的舒适性来调整座椅的位置。车型不同，调节座椅的方式也不同，但是几乎所有汽车的座椅都可以进行座椅行程调节和靠背角度调节。如果汽车的转向盘可以进行角度调节和距离调节，则驾驶员还可以对转向盘和座椅进行综合调整，找到最适合的驾驶姿势。

座椅表面的设计要兼顾耐久性和美观，一般的座椅表面是裁剪和缝制好的面料，还有一些座椅表面是立体成型的材料；座椅骨架由轧制的型材、钢管、钢板等制成。在聚氨酯发泡成型的缓冲材料外包上座椅面料，然后再整体安装到座椅骨架上，便组成了完整的汽车座椅。

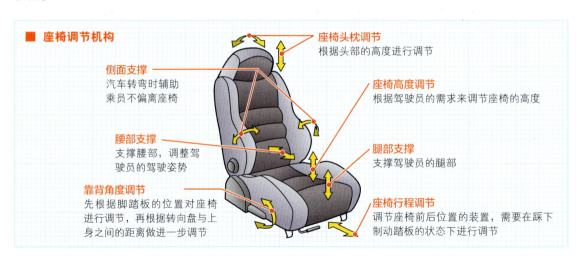

■ 座椅调节机构

侧面支撑
汽车转弯时辅助乘员不偏离座椅

座椅头枕调节
根据头部的高度进行调节

座椅高度调节
根据驾驶员的需求来调节座椅的高度

腰部支撑
支撑腰部，调整驾驶员的驾驶姿势

腿部支撑
支撑驾驶员的腿部

靠背角度调节
先根据脚踏板的位置对座椅进行调节，再根据转向盘与上身之间的距离做进一步调节

座椅行程调节
调节座椅前后位置的装置，需要在踩下制动踏板的状态下进行调节

安全带

安全带是在汽车发生正面碰撞时保护乘员的约束装置。安全带的腰带紧绕腰骨，肩带则通过锁骨斜跨于胸前。为了提高安全带的约束性，安全带系统中装有预张紧器，在发生碰撞时可以立刻收紧安全带，约束乘员。此外，安全带系统中还配有卷收器，当施加在乘员胸部、锁骨部位的负载过大时，卷收器就会起到放松安全带的作用。在碰撞瞬间，安全带的预张紧器先是张紧约束身体，随后根据实际情况通过卷收器使安全带适当放松。

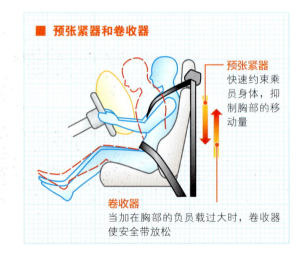

■ 预张紧器和卷收器

预张紧器
快速约束乘员身体，抑制胸部的移动量

卷收器
当加在胸部的负员载过大时，卷收器使安全带放松

后视镜

内后视镜是安装在车室内的平面镜，用来确认汽车正后方的路况；外后视镜是安装在前车门上的凸面镜，用来确认左右两侧斜后方的路况。驾驶员通常是通过这两种后视镜来确认后方的路况，一般车身较高的车型在左侧存在一定的视线盲区，因此还需要安装广角后视镜。此外，在大型货车或客车上还装有下视镜，能够看到车身后部下方的路况。

有些车型的遮光板内装有化妆镜；有一些车型还装有后座安全镜，如面包车等。

■ 后视镜的类型

下视镜
确认汽车后部下方路况的镜子，视野范围较广，需要通过后视镜来查看，因此镜子尺寸较大

◀ **内后视镜**
确认汽车正后方路况的镜子；大多数内后视镜采用棱形镜面，防止后方汽车的前照灯引起的眩目现象

外后视镜
确认汽车左右两侧斜后方的路况，一般安装在车门壳体上或车门与A柱的三角部位

广角后视镜
安装在外后视镜的下部，利用弯曲的镜面来确认驾驶员视线盲区的路况

◀ **化妆镜**
安装在遮光板上

◀ **后座安全镜**
用来观察坐在后排乘员的镜子，多使用于有孩子乘坐于后排时

外后视镜

每个国家对外后视镜的视野范围要求不同。如果镜面曲率 R 过大，则呈现出的物体过小，可视性变差，因此为了使外后视镜的可视范围更宽，将镜子变大，镜面曲率变小，从而提高了镜面可视性。

外后视镜一般采用电动折叠式，其优点是在汽车停放时，可防止由于人的触碰或与其他汽车的接触等原因导致后视镜角度偏移或镜面刮伤等情况发生。此外，有些外后视镜还会镶嵌转向灯。

雨天时，外后视镜的镜面起雾或挂有雨滴都会影响驾驶员的视野，因此一些镜面会采用亲水材质作材料，或添加镜面加热功能使镜面保持干燥，从而保证后视镜的视野清晰。

▲ 内设电热丝的亲水型外后视镜

电气设备——电气元件和车灯

为了使汽车更加安全、节能、舒适、便利,汽车上安装了很多电气元件

汽车线束——连接电气元件

汽车的所有系统都有电气设备,如将汽油运送到发动机的泵,检测汽油剩余量的油量传感器,在发动机内控制喷油量的喷油器,用来点火的火花塞,作为安全装置的气囊,空调,音响,车灯等。连接这些电气设备并为它们传递电能的部件就是汽车线束。

通过汽车线束连接的设备有音响、汽车导航系统、门锁、电动车窗等,这些设备需要通过驾驶员按动按钮进行操作。有前照灯、空调等通过电子控制单元(ECU)自动控制的设备;还有防抱死制动系统(ABS)、发动机燃油控制系统等通过ECU控制的驾驶功能设备。如果把汽车比作人,则ECU是人的"大脑",线束是"神经系统",电气设备是"手"和"脚"。

■ 主要的电气设备

◀ 汽车线束
汽车电路网的主体,是分布在汽车内部各角落的电线
(照片来源:矢崎总业股份公司)

◀ ECU
发动机、空调等汽车电气设备都有控制执行器动作的ECU,也有将所有ECU集中控制的总EUC

(照片来源:电装股份公司)

▲ 雨刷器
擦拭风窗玻璃上的雨水及附着的脏东西,保证驾驶员的视野清晰

▲ 仪表
为驾驶员显示汽车行驶速度及其他状况

▲ 电源插座
为后续安装的设备提供电源的装置

▲ 安全气囊
在汽车发生碰撞时弹出并膨胀,从而保护乘员

▲ 汽车导航系统
在地图上定位汽车所在位置,并将汽车引导至目的地;此外,汽车导航还有其他多种功能

▲ 汽车音响
播放音乐,有些还能播放视频

▲ 电动车窗开关
控制电动车窗升降的开关

▲ 汽车空调
控制冷热风的风量和温度,调节车内环境

车灯

汽车前后左右安装着不同类型的车灯，如有确保驾驶员视野的车灯，将驾驶员的操作信号传递给他人的车灯，让其他车辆和行人看到自己的车灯等。近年来车灯逐渐LED化，如避免使对面行驶车辆的驾驶员眩目的前照灯等，越来越多的新IT技术都应用在现代车灯上。

■ 车灯的种类

转向灯
又称方向指示灯，橙色灯光，将驾驶员转向意图的信号传递给其他汽车或行人；从汽车的前后左右都可以看见转向灯，也用作危险报警闪光灯

尾灯
红色灯光，在夜间或恶劣天气中行驶时，提醒后车我车的所在位置；一般要求尾灯与前照灯是联动开启的

示宽灯
又称小灯，显示汽车的宽度，照明处与汽车最外侧的距离不应超过400mm

牌照灯
白色灯光，在夜间行驶时照亮牌照

倒车灯
白色灯光，当驾驶员挂倒挡时开启，照亮车后方，并起到警示后方汽车和行人的作用

前雾灯
白色或淡黄色灯光，在雾天等能见度低的环境中用于道路照明和安全警示

制动灯
踩下制动踏板后制动灯亮起，用来提醒后方汽车我车驾驶员已踩下制动踏板，有些车的尾灯会与高位制动灯一同亮起，也有些车是独立存在的

后雾灯
红色灯光，与制动灯的亮度近似，由于起雾等原因造成视野不好时开启，用来提醒后方汽车

前照灯
前照灯用来照亮前方道路，包括远光灯和近光灯。夜间在汽车行驶时使用远光灯；当对面方向有来车时使用近光灯，防止对面来车的驾驶员眩目。在雾天或雪天等能见度低的情况下行驶，要使用近光灯。目前全世界汽车所使用的前照灯中，约80%是卤素灯，20%是氙气灯，还有少部分是LED灯。LED灯的优点是体积小、亮度强、指向性强，因此近年越来越多的前照灯采用LED灯，其亮度可以自动减弱或只照射想看见的局部地方

▲ LED灯
体积小，可多个灯泡组合使用，设计更灵活

第1章 汽车的结构原理

电气设备——仪表和雨刷

仪表为驾驶员提供汽车运行的参数信息，雨刷器用来确保驾驶员的视野清晰

▲ 自发光仪表

- 速度表：显示行驶速度的仪表
- 燃油表：显示汽油剩余量的仪表
- 水温表：显示发动机冷却液温度是否在正常范围内的仪表
- 转速表：显示发动机转速的仪表
- 里程表/短距离里程表：显示行驶距离的仪表

仪表的作用和类型

仪表安装在仪表板上，为驾驶员提供多种汽车运行的参数信息。仪表主要包括车速表、转速表、燃油表、水温表、里程表、短距离里程表等，也有的汽车没有安装转速表和水温表。此外，仪表板上还有指示灯，如转向灯、远光灯、雾灯等，以及发动机机油压力过低、未系安全带等警示灯。

仪表的类型有自发光仪表、TFT（Thin Film Transistor）液晶仪表等，设计仪表主要考虑的因素是查看的方便性与外表的美观性。

近年出现的平视显示器（HUD）使驾驶员更方便确认仪表显示的数据，它将车速等汽车运行状态的参数投射到驾驶员的前方，如前风窗上，驾驶员不用低头也可以确认信息，从而提高了驾驶的安全性。

■ 平视显示器（HUD）

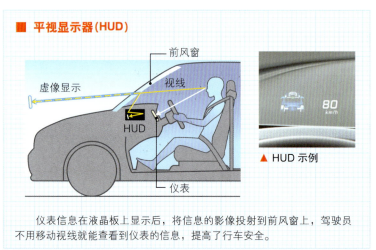

▲ HUD 示例

仪表信息在液晶板上显示后，将信息的影像投射到前风窗上，驾驶员不用移动视线就能查看到仪表的信息，提高了行车安全。

■ 指示灯和警示灯的示例

- 转向指示灯
- 远光灯
- 前雾灯
- 机油压力过低报警灯
- 发动机故障报警灯
- 充电电路故障报警灯
- 燃油过少报警灯
- 未系安全带报警灯
- 安全气囊故障报警灯

雨刷器的作用和结构

雨刷器的雨刷上装有橡胶刮水片，通过电动机的驱动，雨刷臂左右摆动，扫除前风窗上的雨雪及尘土等，从而确保驾驶员的视野清晰。雨刷臂的摆动速度可以根据具体状况进行调节，也可以按一定时间进行间隔摆动。

对于两厢车等较小车型来说，后风窗与后轮挨得较近，后轮卷起的泥土容易弄脏汽车后部，因此这类车型大多配备后风窗雨刷器。

■ **雨刷器的结构**

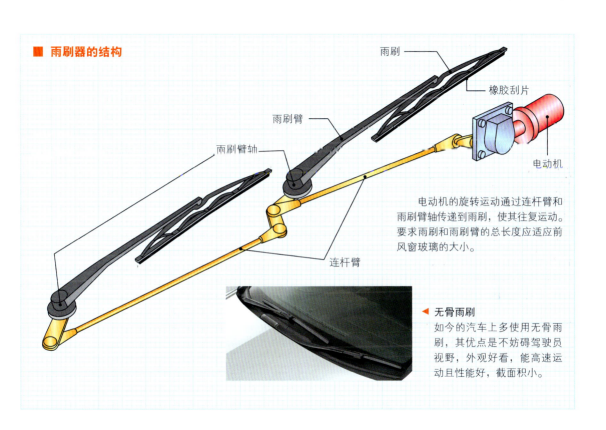

电动机的旋转运动通过连杆臂和雨刷臂轴传递到雨刷，使其往复运动。要求雨刷和雨刷臂的总长度应适应前风窗玻璃的大小。

◀ **无骨雨刷**
如今的汽车上多使用无骨雨刷，其优点是不妨碍驾驶员视野，外观好看，能高速运动且性能好，截面积小。

前风窗洗涤器的作用

汽车上还装有配合雨刷器使用的洗涤器。当前风窗玻璃缺水或有油黏着时，就要先喷射洗涤液，使其更容易被清理干净，确保驾驶员的视野清晰。洗涤器的主要部件有储存洗涤液的泵和喷出洗涤液的喷嘴。喷嘴一般安装在发动机罩和风窗玻璃之间，也有些车型的喷嘴安装在雨刷上。

◀ **扩散式喷嘴**
喷射范围广

电气设备——汽车导航系统和安全气囊

汽车导航系统的功能一直在不断发展；安全气囊与安全带配合使用，在汽车碰撞中保护乘员

汽车导航系统

汽车导航系统拥有全球卫星定位系统（GPS）的功能，帮助驾驶员随时随地掌握自己的确切位置。汽车导航系统利用语音和地图的方式引导驾驶员驶向目的地。多功能导航系统不仅能够规划路线，还能搜索到美食信息、住宿信息、路况信息、停车场信息等，也可以收听广播、播放视频等。此外，导航系统还可以直接录取CD中的音频，与数字音频播放器同步。

利用智能手机连接互联网，也能检索到详细的路况、气象情报、美食及电影院的位置等信息。未来，汽车导航系统还会不断发展下去。

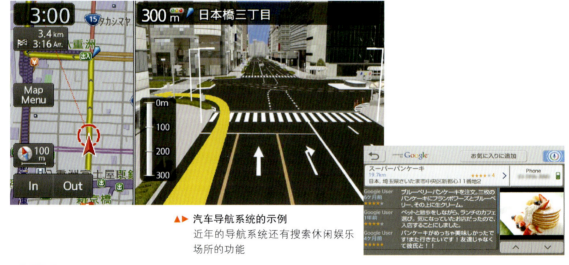

▶▶ 汽车导航系统的示例
近年的导航系统还有搜索休闲娱乐场所的功能

（照片来源：Clarion 公司）

倒车摄像头

过去的汽车在后侧安装传感器来辅助驾驶员完成倒车操作，传感器感知汽车后侧与障碍物之间的距离，然后通过声音或灯光来提示驾驶员。汽车导航系统普及后，在车汽车后侧安装上广角摄像头，就可以将摄像头拍摄的影像在导航系统的显示器上播放出来。驾驶员挂倒车挡后，汽车后侧的画面就会出现在显示器上。在商务车等体积较大的车型中，倒车摄像头作为辅助设备来确认汽车倒车入库或倒车行驶时后方的情况。

◀ 倒车摄像头拍摄的影像在汽车导航显示器上播放

◀ 安装在汽车后侧的倒车摄像头

安全气囊的结构

安全气囊是保护乘员的安全装置之一，需要与安全带配合使用。汽车发生碰撞时安全气囊打开，驾驶座的安全气囊从转向盘正中央弹出，副驾驶座的安全气囊从仪表板的上部弹出。当气囊完全打开并吸收冲击后，气囊后侧的排气孔打开，开始排气使气囊收缩，目的是在撞击后确保驾驶员能看清前方，继续操纵转向盘和制动器。

安全气囊不仅安装在驾驶位和副驾驶位，还安装在车室内的其他多个地方。安装在座椅外侧的侧气囊遇到侧面碰撞时打开，保护乘员的胸部和腹部；安装在车顶侧梁的气帘用来保护乘员的头部和颈部，此外还有膝部安全气囊、座椅安全气囊等。

安全气囊通常在事故的大冲击中确保乘员的生命安全，需要非常强的压力才会展开，因此当安全气囊打开时可能会导致乘员受到较轻的刮伤或碰伤。如果驾驶员以非常靠近转向盘的姿势来驾驶汽车，则当安全气囊打开时，在其强烈冲击下可能伤及性命。

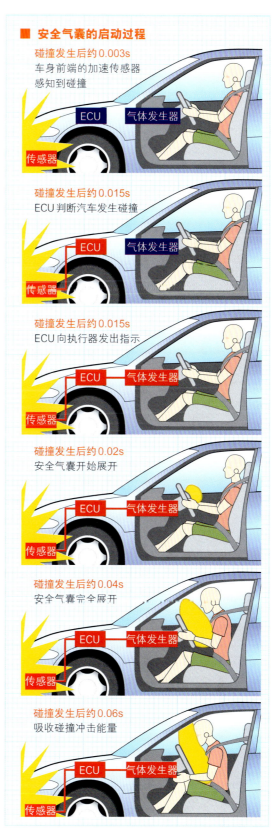

安全气囊的启动过程

碰撞发生后约0.003s
车身前端的加速传感器感知到碰撞

碰撞发生后约0.015s
ECU判断汽车发生碰撞

碰撞发生后约0.015s
ECU向执行器发出指示

碰撞发生后约0.02s
安全气囊开始展开

碰撞发生后约0.04s
安全气囊完全展开

碰撞发生后约0.06s
吸收碰撞冲击能量

▲ 安全气囊的种类（驾驶座安全气囊、气帘、副驾驶座安全气囊、侧气囊）

主动安全系统

汽车上的主动安全系统由电子控制元件、传感器、摄像头等组成,用来预防事故等异常状态的出现

预防事故的主动安全系统

下面主要介绍主动安全系统中的牵引力控制系统、电子稳定控制系统、自动防撞系统、安全车距控制系统、车道保持辅助系统。

牵引力控制系统(TRC)

汽车在积雪或雪地等路面较滑的情况下起步或加速时,轮胎会出现空转情况使得动力无法传递,导致汽车行驶不稳。牵引动力控制系统就是为了防止这种现象发生的装置,它能检测出轮胎的抓地状态,当系统检测到轮胎空转时,就会对制动力和发动机驱动力进行控制调节,防止轮胎出现空转。

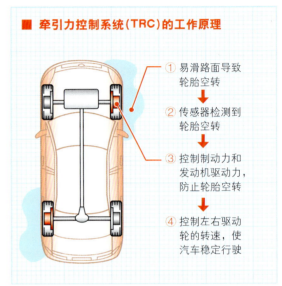

牵引力控制系统(TRC)的工作原理

① 易滑路面导致轮胎空转
② 传感器检测到轮胎空转
③ 控制制动力和发动机驱动力,防止轮胎空转
④ 控制左右驱动轮的转速,使汽车稳定行驶

电子稳定控制系统(ESC)

汽车转弯时会出现侧滑现象,为了保证汽车能继续稳定行驶,就需要用到电子稳定控制系统。在转弯时出现轮胎侧滑现象,可能使汽车无法完成转弯或转弯过度,导致车身打转。出现这种现象时,电子稳定控制系统可通过传感器检测到轮胎侧滑,通过控制四个车轮的制动力和发动机驱动力来稳定车身。

很多汽车公司都开发了自己品牌的电子稳定控制系统,其基本功能都相同,但名称却是各不相同,如VSC(Vehicle Stability Control)、ESP(Electronic Stabilization Program)、DSC(Dynamic Stability Control)等。

电子稳定控制系统(ESC)的示例

在易滑路面转弯或转弯速度过快时,ESC会对出现的侧滑现象进行修正控制。

A车转弯过度,出现打转现象

B车没有完成转弯

A车 = ESC向外侧前轮施加制动力

B车 = ESC向内侧后轮施加制动力

汽车转弯时,如果转向过度,则ESC向外侧前轮施加制动力进行方向修正;如果汽车无法完成转弯,则ESC向内侧后轮施加制动力进行方向修正。

自动防撞系统

自动防撞系统的电子控制单元通过摄像头或雷达对前方状况进行检测，当系统检测到前方有车或障碍物时，则利用声音等方式对驾驶员发出警告信号。如果检测到是无法避免的碰撞时，系统会自动启用制动系统，减轻事故对汽车的损坏程度。系统在发出警告的同时，还会采取其他碰撞前的预备动作，如辅助增加制动力、收紧安全带等。

■ 自动防撞系统的工作原理

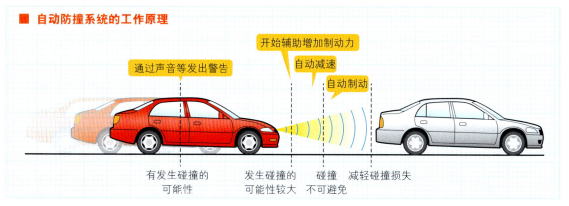

安全车距控制系统

安全车距控制系统通过雷达检测并判断前方是否有车辆行驶或者车辆是否变更车道，在所设置的车速范围内，使汽车与前车保持一定的行驶距离。

■ 安全车距控制系统的示例

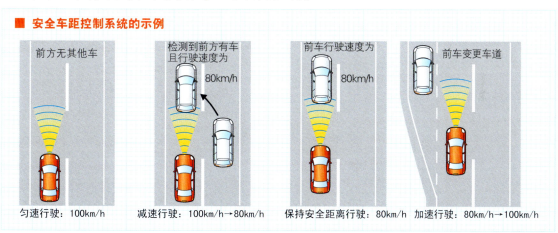

车道保持辅助系统

车道保持辅助系统的摄像头在汽车行驶中检测到道路标线，当车辆要越过标线时发出警告信号或使转向盘振动提醒驾驶员，而自适应雷达巡航控制系统则辅助驾驶员使汽车回到正确的路线，沿道路标线行驶。

■ 车道保持辅助系统的示例

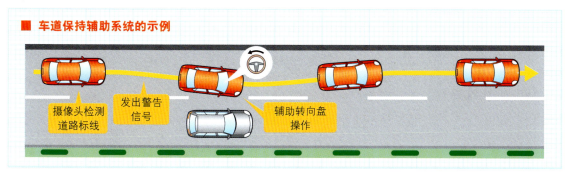

小专栏

小排量涡轮增压技术

20世纪末，在石油危机出现之前，全球汽车的汽油发动机技术的主要发展方向是提高动力。

在美国，通过增加汽车的排气量来提高扭矩，如在低转速的情况下能产生强大的启动动力、在高速路上顺畅行驶的动力、超车动力及爬坡动力等。在欧洲国家（特别是德国），汽车的设计考虑高速行驶的同时也考虑了轻量化，汽车技术的发展目标是利用较小的排量来提高转速，从而输出更大的动力。然而，随着在石油危机的爆发，欧美、日本等国家的汽车制造商在开发新技术时不仅会考虑发动机动力的提高，同时也更关注节省燃料的技术，其中就包括小排量涡轮增压技术。

过去，涡轮或增压器的作用是提高发动机的扭矩、高速行驶的动力及加速性能等，而小排量涡轮增压技术的主要作用则是节省燃料。

汽车启动后加速，当车速达到一定速度平稳行驶时只有行驶阻力，此时的排气量没有加速过程中或最高速度时那么大，因此排量较小的发动机也能够提供汽车所需的动力。在加速或爬坡时需要较大的动力，小排量发动机则需要涡轮或增压器的辅助从而加大排气量，输出更大的动力；而在一般行驶情况下，只需排量小且节省燃料的发动机工作即可。这项节省耗油量的技术就叫作小排量涡轮增压技术。该技术还涉及发动机的轻量化技术，减少发动机的气缸数则发动机阻力也会变小，从而达到节省燃料的目的。

小排量涡轮增压技术最早是由欧洲汽车制造商开发推广的，如今日本和美国的汽车制造商也在逐渐开发这项技术，该技术的使用已成为全球汽车的发展趋势。

第2章

汽车的生产制造

汽车的设计与装配是由汽车制造商来完成的,但是一辆汽车的生产制造却不仅仅是由汽车制造商单独完成的,还需要经过很多人的努力才能出厂销售。本章将重点介绍车身、发动机、车门及仪表板的生产制造过程,此外还介绍了成品车出厂前需要进行的检查项目。

汽车的制造

汽车主机厂中，车身经过冲压、焊接、涂装等工序，再安装上各种部件机构，一辆成品车便完成了

汽车制造的流程

组成汽车的零部件很多，有的在汽车主机厂进行生产制造，有的委托给零部件供应商，由供应商生产出来的零部件会被投入主机厂的总装生产线上，最终完成一辆成品车的生产制造。

零部件供应商分为一级供应商、二级供应商、三级供应商……如汽车座椅是由一级供应商制造的，而座椅的相应部件和材料需要从二

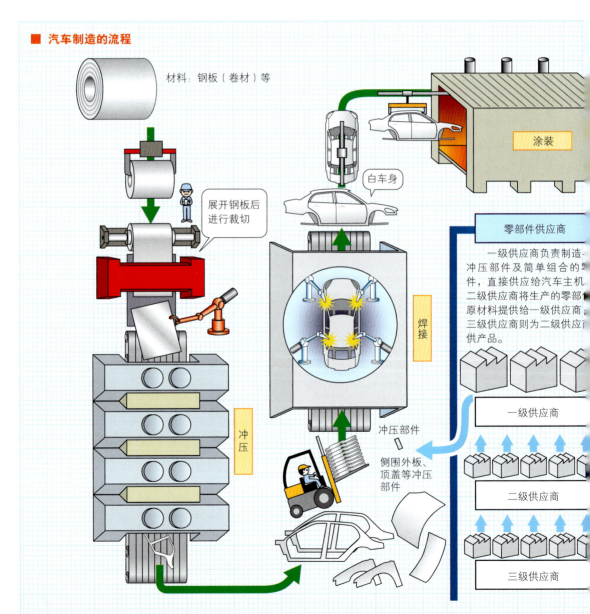

■ 汽车制造的流程

级供应商处购入，如座椅的蒙皮和骨架等。

此外，座椅骨架的材料为经过冲压的钢管等，这些材料就需要从三级供应商处购入。有些甚至还会需要四级、五级供应商提供零部件。如此一来，完成一辆汽车的制造要涉及各种各样零部件供应商。

在汽车主机厂内，除了总装线外，还有辅助生产线，在辅助生产线上制成的半成品或成品都会投入到总装线上。发动机、变速器、仪表板、保险杠等都是在辅助生产线完成组装的（不同主机厂在辅助生产线生产的零部件不同）。

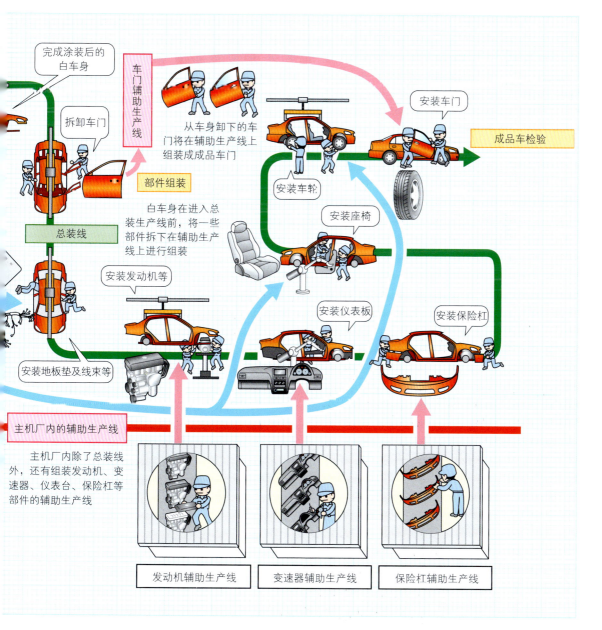

车身制造——冲压

薄钢板作为汽车车身的材料，通过冲压成型制成汽车所需的形状

冲压成型——车身的制造工艺

车身壳体是车身的主要构造之一，其材料为厚度1mm左右的钢板（冷轧钢板）。钢板在钢铁厂中制成后，以卷材的形式供应给汽车主机厂。

在汽车主机厂中，将卷材展开，按照车门、发动机盖、侧围外板等零部件的大小进行裁剪，然后用冲压机将其制成相应的模型。通常，大型的零部件及外部覆盖件都是在汽车主机厂完成冲压的。

冲压机上装金属模具，它们的形状与要冲压成型的产品相同，利用这些金属模具夹住钢板，然后进行冲压，制成汽车冲压件。汽车上的很多零部件都是无法一次冲压成型的，因此还需要分多次工序制成。

汽车板材的制造

卷曲的钢板展开后先裁剪，后冲压，而在冲压前必须要将弯曲的卷材处理成平整的板材，因此要在钢板上施加压力或拉伸力使其平整均匀。

钢板平整后，再根据汽车零部件的形状进行裁剪（冲裁）。

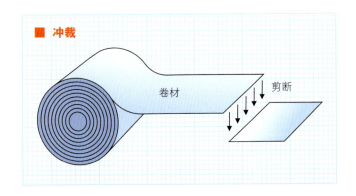

■ 冲裁

▲ 将钢板（卷材）运送到汽车主机厂

▲ 将卷材展开，施加压力或拉伸力使其平整

◀ 根据汽车零部件的大小来裁切钢板（板材）

■ 冲压机的工作原理

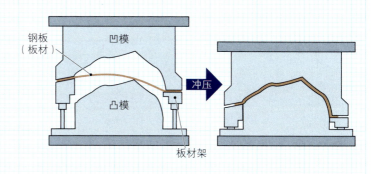

安装在冲压机里的金属模具：凹进去的部分称为凹模，凸出来的部分称为凸模

钢板在冲压机里加压成与模具相同的形状

▲ 加工车身零部件的冲压机（上图）和正在冲压成型的车身零部件（下图）

▍冲压成型的工艺 ▍

冲压成型的工艺取决于产品本身的特性，如类似侧围外板的大型零部件的冲压一般需要4个工序。

第一，被切断的钢板（板材）经过拉伸后，制成立体形状。

第二，按照所需外形进行切边工序，将多余的部分裁切掉。

第三，通过弯曲加工对钢板进行精准整形。

第四，通过冲孔工序，在基本成型的零部件上打出所需形状的孔。

经过以上4个工序，汽车冲压件加工完成。

冲压过程中，施加在钢板上的压力非常大，即使是一根头发掉进模具内，也会在冲压模型上显现出来，因此在操作冲压工序时要格外注意，防止异物进入金属模具里。

▲ 正在冲压成型的侧围外板

■ 侧围外板的冲压工序

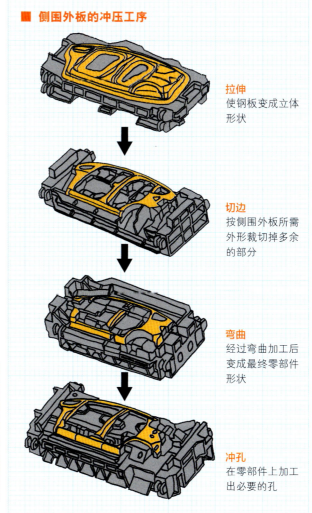

拉伸 使钢板变成立体形状

切边 按侧围外板所需外形裁切掉多余的部分

弯曲 经过弯曲加工后变成最终零部件形状

冲孔 在零部件上加工出必要的孔

第 2 章 汽车的生产制造　75

车身制造——焊接

将冲压成型的薄钢板焊接在一起,制成车身部分

车身的焊接

采用点焊的方式将冲压成型的零部件焊接到一起,便制成了汽车的车身。

一般使用工业机器人进行焊接操作,大多数焊接工艺的选择要考虑生产性能、精度、品质、安全性能等。为了使机器人顺利地完成焊接,在车身设计阶段就要设计好板材的接合及形状、机械臂的运动轨迹等。

焊接是指熔解一部分冲压成型后的薄钢板,然后进行相互接合的方法。焊接工艺需要提前设计好,冲压部件通过传送带传递到焊接机器人处,机器人将自动对其进行焊接。焊接的方法除了点焊以外,还有电弧焊(MAG焊)、激光焊等。

车身完成焊接后要进行的是涂装工序,车门、发动机罩、行李厢、挡泥板等非焊接件需在少许开启状态临时固定,从而使涂料可以完全涂覆整个车身。

保险杠的材料是树脂,不需要冲压和焊接,通过注塑成型后在其他生产线上进行涂装,然后再送至总装线进行组装。

▲ 在焊接生产线上要加工不同车型的零部件,需要将不同车型对应的程序输入焊接机器人,根据车型的不同而改变焊接路径

点焊

将两个冲压成型的薄钢板搭接装配好,施加压力压紧后,在接合处施加高电压产生大量的电阻热,使金属部分熔化后完成熔合,这种方法就叫作点焊。通过点焊也可以将三个钢板一次性完成熔合。

点焊的优点是焊接时间短,生产效率高,因此多用于汽车及其零部件的生产制造。

如果点焊的焊接点间隔大,则车身的刚性变差;但是如果间隔太小,则焊接操作时间长,且成本也会上升。因此,在焊接工艺设计阶段,选择适当的焊接位置至关重要。

▲ 点焊过程中产生的火花（焊渣）
点焊熔核的金属熔化后飞溅会产生焊渣，这也是焊接质量下降的主要原因

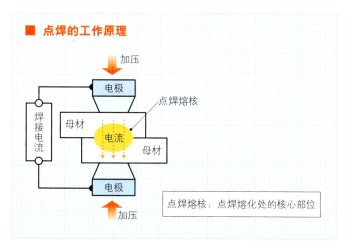

电弧焊

在电极与需要焊接的金属板之间利用电弧放电产生热量，将接合处熔化连接，这种焊接的方法叫作电弧焊。一般是在金属接合处添加焊接材料，使其一同熔化。

电弧焊中，MAG焊是将惰性气体作为保护气体（将电弧熔接的金属与大气隔离）的焊接方法，常用于汽车的焊接操作。在电弧焊过程中，保护气体将要焊接的部位与大气隔离开，使金属件不易发生变形，因此MAG焊适用于薄钢板的焊接。但是MAG焊自动化在汽车制造过程中不易实现，且焊接部位的重量会增加，因此近年来很少使用这种焊接方法。一般在点焊机械手无法够到或要求焊接处达到一定的强度时，才使用MAG焊。

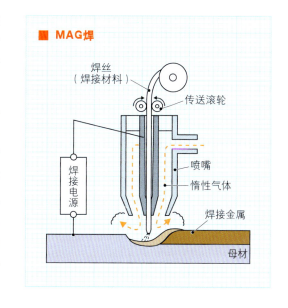

激光焊

激光焊是以聚焦的激光束作为热源来加热金属，使金属局部熔化并凝固接合的焊接方法。激光焊的优点是热影响范围小，焊接变形少，比点焊更精密，可实现无缝焊接，因此多用于铝合金车身框架部位的焊接，也常用于厚度不一样的薄钢板接合时的焊接（激光拼焊）。经过激光焊的部件比点焊的部件强度更大，因此激光焊多用于车身纵梁部位以及没有点焊空间的车顶部位，但是制造商的工艺设计不同，激光焊的应用也多种多样。

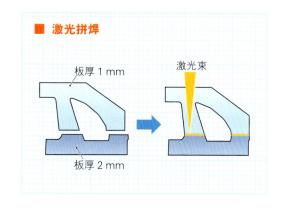

车身制造——涂装

经过冲压和焊接后的车身称为白车身，接下来要进行的是涂装

车身涂装工艺

经过冲压和焊接后的车身称为白车身。为了保护车身并美化外观，对白车身要进行涂装，从电泳工序到面漆工序，喷涂多种涂料。

先对白车身进行涂装前处理，然后进行电泳工序。电泳工序的目的是防止白车身生锈。电泳工序之后，先进行中涂工序，然后用车身的颜色涂料喷涂面漆，最后喷涂清漆。涂装工艺通常表示为4C3B，其中C代表COAT，表示涂层；B代表BAKE，表示烘干次数，在电泳工序、中涂工序、清漆工序后都要进行烘干。

涂装后的白车身将进入总装工序，车身主体进入总装线，拆下的车门则进入辅助生产线，这样做可以提高组装效率，更有利于安装功能部件。

涂装前处理和电泳工序

涂装前处理工序中首先要做的是清洗，处理车身表面的尘土及油污等异物。

电泳工序中，为了提高防锈效果，将白车身浸泡到装有水溶性电泳涂料的涂料槽里，然后通电流，涂料为阳极，车身为阴极，让涂料浸透车身进行涂装。经过一段时间后，将车身拉出来，清洗掉多余的涂料后进行烘干。

此外，还要在车身的缝隙中涂抹密封胶，防止出现漏水等现象（涂密封胶工序）；在汽车内室的地板上铺防振、隔音的地毯，或是喷涂防振、隔音的涂料。

▲ 电泳工序
将白车身浸泡到装满电泳涂料的涂料槽中

◀ 利用工业机器人进行密封胶喷涂，密封车身的所有缝隙

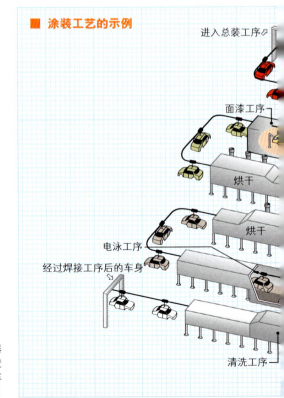
■ 涂装工艺的示例

中涂工序

中途工序的主要目的是提高面漆涂层的完整度及耐脱落性,并为车身面漆的长久保持提供良好的基底。一般是利用工业机器人来喷涂灰色涂料。

涂料脱落是指因为小石子等物体对车身表面造成冲击,使表面的涂料掉落,导致车身钢板材质暴露在外的现象。如果车身受到这种破坏,则车身会从涂料掉落处开始生锈。

面漆工序和清漆工序

面漆工序是将汽车相应颜色的涂料喷涂在车身上的工序。涂料中除了蓝色、红色等纯色之外,还有带金属或珠光等闪亮质感的颜色。

清漆工序是将清漆喷涂在车身上,提高车身光泽度和坚韧度的工序。清漆的主要作用是保护车身。

▲ 面漆工序
将汽车相应颜色的涂料喷涂到车身上

> **知识链接**
>
> ### 涂层与烘干
>
> 汽车的涂装工艺一般为4C3B工艺,但是有些制造商也会省去中涂工序,即3C2B工艺。4C表示涂装次数,3B表示干燥次数,有些人会依此认为4C3B工艺喷涂的层数多,所以车漆光泽度的持续时间更长,但这也不是绝对的。当汽车还在发展阶段时,涂层多确实能使质量更好,但涂装技术发展至今,有些3C2B工艺甚至更优于4C3B工艺。
>
> ■ **涂装工序与烘干次数**

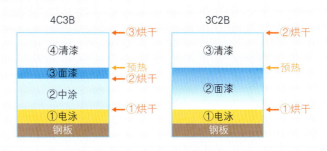

车身制造——总装

由零部件供应商提供的零部件以及在主机厂总装生产线以外的生产线上组装的小型部件,最终都会投入主机厂的总装生产线上

汽车总装工艺

将完成涂装工序后的车身放在缓慢移动的传送带上,移动至总装线(有些主机厂是用吊车移动的)。总装工人把放在生产线边上的零部件组装到车身上,有些较重的则由辅助装置支撑,减轻工作人员的负担。此外,前风窗等零部件是由工业机器人进行自动组装的。

不同汽车主机厂中的总装线长度不同,而对于一个汽车主机厂中的总装线来说,即使要生产多个车型,其长度也是固定不变的。总装线生产的车型不同,会产生工程偏差(作业时间较长的部件与作业时间较短的部件之间的作业时间差),为了解决这个问题,主机厂还设有辅助生产线,有些零部件在辅助生产线上完成部分组装后再投入总装线。

▲ 为了方便工人组装零部件,在总装线上需要先将车门拆卸下来

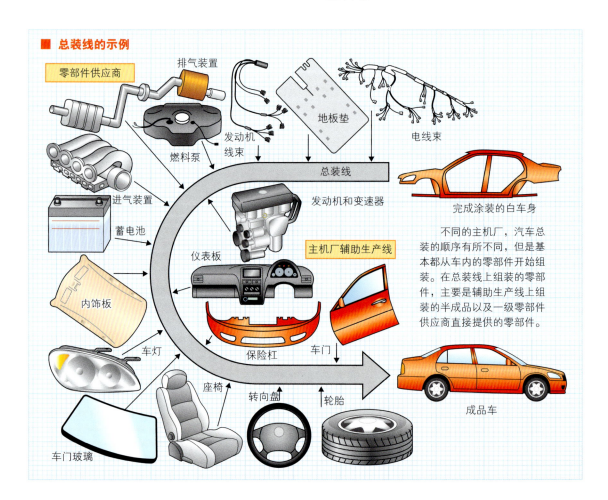

■ 总装线的示例

不同的主机厂,汽车总装的顺序有所不同,但是基本都从车内的零部件开始组装。在总装线上组装的零部件,主要是辅助生产线上组装的半成品以及一级零部件供应商直接提供的零部件。

发动机的安装

发动机应与变速器组装在一起，根据实际车型的情况，也会将前侧底盘部分与发动机组装在一起，因此发动机及组装的相关零部件非常重。安装发动机时，一般先将车身吊起，从下面将装配好的发动机等部件利用辅助设备安装到车身主体上。

仪表板的安装

仪表板也需要与仪表、导航系统等零部件组装到一起，因此也非常重。为了减轻工人的负担，一般通过工业机器人的辅助将仪表板放入车内，放置好后再由另一个工人用螺栓等连接件将其固定在车内。

座椅的安装

汽车座椅从坐垫到座椅靠背的组装都是由一级供应商来完成的，最终将成品座椅提供给汽车主机厂。座椅同仪表板一样是重型部件，也需要通过工业机器人的辅助将其放入车内，随后工人会用螺栓等连接件进行固定安装。

车窗的安装

车门玻璃在车门辅助生产线上安装到车门上，而前、后风窗玻璃在总装线上直接安装到车身上。

安装车窗的生产线上，很多工序都是全自动化的，如一个机器人涂抹粘贴玻璃与车身的黏合剂，另一个机器人则将玻璃提起，找到正确的安装位置将玻璃贴合到车身上。

车门的安装

成品车门在辅助生产线上完成组装后，运送至总装线的末端安装到车身上。

车门也很重，工人需要借助工业机器人的辅助来完成安装。安装好车门后，要确认其开闭的状态，根据实际情况对锁扣位置进行微调。

辅助生产线——发动机

组成发动机的零部件由供应商提供，然后在汽车主机厂的辅助生产线上完成装配

发动机的总装工艺

活塞及气门等发动机零部件基本上都是由零部件供应商生产制造的（有些主机厂也会自己生产制造气缸体等重要的发动机零部件）。这些零部件提供到汽车主机厂后，将会在发动机辅助生产线上进行组装（有些主机厂会委托专门制造发动机的工厂来完成这一步骤）。

在发动机辅助生产线上，将各零部件依此组装到气缸体上。一般气缸盖、进气歧管等零部件在进入发动机辅助生产线的前一个阶段就已装配完成。

发动机装配完成后，与变速器、前侧底盘组装成一体（视具体情况而定），一同投入总装线中。主机厂的辅助生产线和总装线就像河水的各支流汇入干流中一样，最终制造出一辆成品汽车。

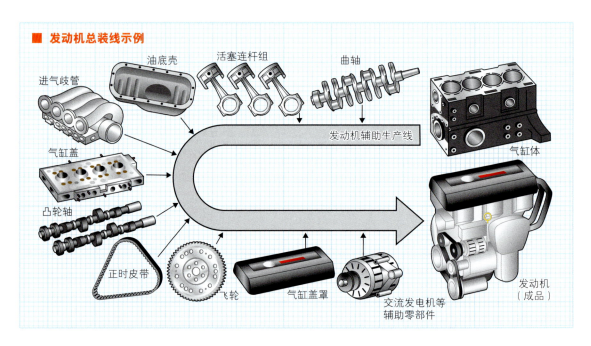

■ 发动机总装线示例

曲轴的安装

安装曲轴前，先在气缸体中安装轴瓦，然后从该气缸体的油底壳侧安装曲轴，最后安装活塞连杆组件。由于曲轴在发动机中要进行旋转运动，因此在装配完活塞连杆组后，要确认曲轴的旋转是否顺畅。

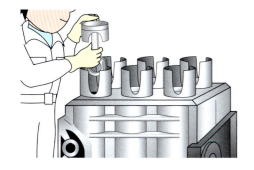

活塞连杆组件的安装

在作为基底的气缸体上,从装有垫片的一侧插入活塞连杆组件,为了使活塞与气缸间产生的移动阻力让发动机能够平滑运转,应提前测量好活塞的直径和气缸体的缸径,使活塞能顺畅地在气缸中运动。此外,各组件的重量也要大致相同。

活塞连杆组件需要提前在发动机分装线上组装好,然后再进入发动机辅助生产线上完成组装。

气缸盖的安装

在气缸体上安装气缸盖总成后,再在气缸盖上安装凸轮轴。

发动机辅助生产线最后的工序是检测水套内的水或油是否会从气缸盖与气缸体的接合处泄漏。

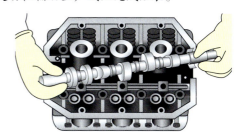

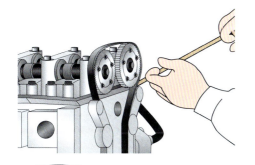

正时皮带的安装

正时皮带由驱动链轮、从动链轮、皮带张紧器、皮带等零部件组成,此外还有正时皮带盖,用来罩住正时皮带相关零部件(有些发动机采用链条来代替皮带)。

安装曲轴皮带轮和飞轮,然后调整气门间隙,安装气缸盖,则发动机的主体基本装配完成,最后再安装其他发动机辅助零部件,如交流发电机、起动机等。

知识链接

发动机零部件的制造

气缸体、气缸盖、活塞等发动机零部件的结构都很复杂,且都需要轻量化,因此多采用铝合金铸造的加工方法,然后再进行机械加工。铝合金铸造是先加热铝合金至其熔化,再将熔化的液体浇铸到与零件形状相同的铸造空腔中,待液体冷却凝固后即可获取零件或毛坯。

连杆、齿轮等零部件需要有一定的强度,因此多采用锻造的加工方法。锻造是指利用锻压机械对加热的金属等坯料施加压力,使其产生塑性变形的加工方法。金属材料的分子受到冲击后晶格重新排列,使其密度变大,从而提高了材料的强度。

■ **铸造与锻造**

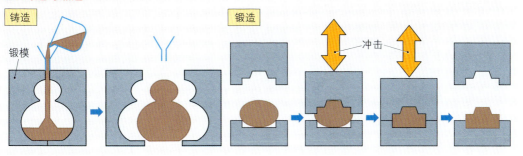

辅助生产线——车门和仪表板总成

车门和仪表板总成的装配需要较长时间，因此这些零部件一般都先在辅助生产线上完成装配

车门的装配

车门与白车身完成涂装后，车门在进入总装线之前会被单独卸下，在辅助生产线上进行装配。

车门主体由内外门板和内饰板组成，内外门板之间留有一定的空间，在这个空间内安装玻璃升降器及导轨，连接内外板的杆状零部件、车门锁等，有些车型还会在车门主体上安装音响设备。

车门在开关时会产生振动，因此在车门开关时，完成车窗升降动作的玻璃升降器等相关零部件应耐冲击，且为了更精确地实现其功能，要将升降机构的零部件紧紧固定在车门里。

▲ 车门辅助生产线

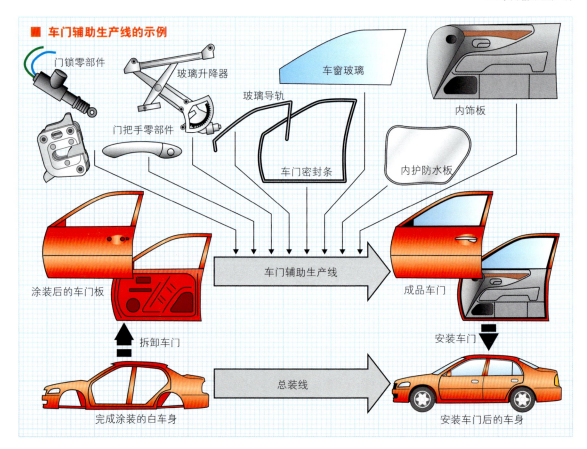

■ 车门辅助生产线的示例

仪表板总成的装配

仪表板主体的制造方法同保险杠一样，采用注塑成型，将仪表板主体安装到仪表板骨架上，然后再依次安装功能部件。有些汽车主机厂直接在总装线上将仪表板骨架安装到车身上，然后再在上面安装仪表板主体。为了提高仪表板主体的质感，制造商们也采取了多种方法。

在仪表板总成的辅助生产线上组装的主要零部件有仪表板支架、副驾驶安全气囊、风口总成、仪表、导航控制单元、音响、手套箱、装饰条等，还有很多功能部件也是在这条生产线上完成装配的，有的车型也会将暖风单元安装在仪表板上。

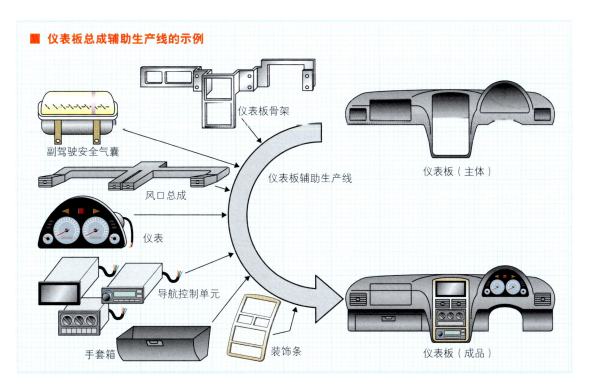

■ 仪表板总成辅助生产线的示例

知识链接

仪表板主体的制造

仪表板主体上安装有仪表等功能部件，其内侧也安装有很多功能部件，因此应注意仪表板主体的安装强度。

仪表板主体的结构复杂，其形状要满足很多要求，因此仪表板主体普遍采用注塑成型的制造方法。注塑成型是将热塑性树脂在注塑机气缸内加热至熔化，然后通过注塑机压力，以一定的速度将熔化的树脂注入模具中，冷却模具后，树脂固化，仪表板主体制造完成。

■ 注塑成型

螺杆旋转，通过加热和压缩使树脂熔化，螺杆向前移动，将树脂压入模具内。

成品车的检验

成品车要先通过质量检查，合格后才能出厂

检验成品车——保证质量

成品车制造完成后，还需要对其发动机动力系统及制动装置等功能、前照灯的光轴照射、废气的排放情况等多个项目进行检验。对合格的汽车发放汽车检验合格证后，才可出厂使用。

如果在成品车检验过程中判定质量有问题时，成品车将不能通过检验。为了避免这种情况出现，各零部件在进入总装生产线之前或在各装配工序中就要进行质量检验。

▎外观检查▕

在成品车生产线上排列着很多荧光灯，通过它们对车身的划痕、涂装的瑕疵及漆面做进一步的检查确认。此外，还需要用肉眼仔细检查车身是否有变形（有些主机厂在车身涂装后会进行一次外观检查）。

荧光灯排成一列照射，更容易确认车身是否有变形以及漆面状态，因此这种外观检查的方法在主机厂使用得较多。

▎漏水检查▕

让汽车通过喷水的通道，从各个角度对汽车喷射高强度的水，检查汽车漏水性，重点检查车门及遮阳顶窗的开合处、车身上涂抹密封胶处等是否漏水。

▎行驶检查▕

将汽车放置在滚轮上，启动发动机后踩下加速踏板使轮胎转动，模拟实际行驶的状态，检查并确认汽车各动态功能是否正常，如低速到高速的行驶功能、发动机及变速器的功能、速度仪表的功能、制动器的功能等。

上路行驶测试

驾驶汽车在测试跑道上行驶,确认汽车的加速、制动等功能,并根据需要确认是否有杂音等。

成品车

获取汽车检验合格证后,成品车还要进行涂膜的保护处理,然后暂时停放在工厂中。随后,由专用卡车将合格的汽车运往全国各地的4S店或客户手里。

> **知识链接**
>
> ### 日本汽车厂的特征——改善工作环境
>
> 汽车的装配由工人完成,而日本汽车主机厂的工人不仅要准确地完成所负责工序的工作,还要在此过程中发现能够进行优化的操作方式,如怎样的作业方式能提高品质,怎样操作能更节省时间等,这些只有在现场实际操作后才能知道该如何改进。工人们将改进方案报告提交给上级进行审核,通过后应用在实际工作中。反复进行这种优化操作,能够缩短作业时间,从而节省成本并提高品质。
>
>
>
> ▲ **工人们自创的"乐乐椅"**
> 在安装零部件时可以舒适地坐着完成车内作业,提高工作效率
>
> (照片来源:丰田汽车公司)

小专栏

汽车碰撞安全

汽车碰撞安全技术分为被动安全技术和主动安全技术,前者是指在交通事故发生时尽可能减小人身受到的伤害的技术,后者是指尽量自动控制汽车避免交通事故的技术。

近几年的日本交通事故中,车内乘员和被撞行人的死亡率较高,因此日本规定被动安全碰撞的安全标准需要对汽车进行重叠正面碰撞测试、偏置碰撞测试、侧面碰撞测试以及行人保护测试等。

除了碰撞安全外,日本国土交通省和日本汽车事故对策机构还对市场上正在销售的汽车安全性进行评估,并将评估结果公布。汽车评估的目的是让消费者更容易选择到安全的汽车,督促汽车制造商开发保证人身安全的技术,促进汽车安全的普及。

为了保证乘员及行人的安全,还要对已通过碰撞安全标准的乘用车进行更严格的测试,并公布测试结果,帮助人们清楚地了解哪些车型的安全性能更高。此外,对儿童安全座椅的安全性能比较测试也是汽车评估的一个重要环节(包括正面碰撞测试及适用性评价测试)。

对汽车进行主动碰撞的测试,主要的测试对象是制动器性能、近年备受瞩目的碰撞缓解制动系统、车道偏移抑制系统等,测试后都会将评估结果公布。

第3章

新能源汽车

随着重工业的发展，人们生活的便利性和舒适性也有了质的飞跃。但是从另一个角度来看，地球上也出现了各种各样的新问题。由于工业及运输、家庭生活中人为排放的二氧化碳，导致了全球的温室效应、人们生活能源的化石燃料枯竭等，而引起这些问题的罪魁祸首之一就是汽车。如今，汽车技术的发展需要更多地考虑环保问题。本章将主要介绍纯电动汽车、混合动力汽车、燃料电池汽车等更加环保的汽车。

纯电动汽车——构造

环境问题的日益严重,而随着电池技术的迅速发展,电动汽车成为了近年来的热门话题

纯电动汽车

电动汽车(Electric Vehicle,EV)是指将电力作为动力源来驱动电动机的汽车。从广义上来讲,混合动力汽车、燃料电池汽车、纯电动汽车都算是电动汽车,而一般配备有铅蓄电池等大容量的二次电池,且完全使用电力行驶的汽车称为纯电动汽车。蓄电池是可重复充电使用的电池,考虑到充电量及电力输出和输入性能,纯电动汽车普遍使用的是锂离子电池。

纯电动汽车上安装的可充电蓄电池的电能由逆变器来控制,将电力传递到电动机上,作为汽车的行驶动力。与燃油汽车相比,纯电动汽车的优点是组成的零部件较少,结构简单;缺点是目前的蓄电池价格较高,因此纯电动汽车的整车价格也较高。此外,锂离子电池的耐久等性能还需进一步提高,纯电动汽车的蓄电池即使电量充满,其行驶距离也比燃油汽车的短。

目前,各国正在推进建设可以让纯电动汽车随时随地进行充电的快速充电站,然而充电站的普及程度还是远小于加油站。频繁的充电会对蓄电池的耐久性造成不良影响,且极寒或酷暑等恶劣气候环境对蓄电池的使用也会产生不良影响,因此要使纯电动汽车的普及程度和燃油汽车的一样,还有很多难题需要克服。

■ 纯电动汽车的结构示例(宝马i3)

纯电动汽车的主要结构有电动机、动力控制单元(逆变器、DC/DC转换器)、蓄电池等。

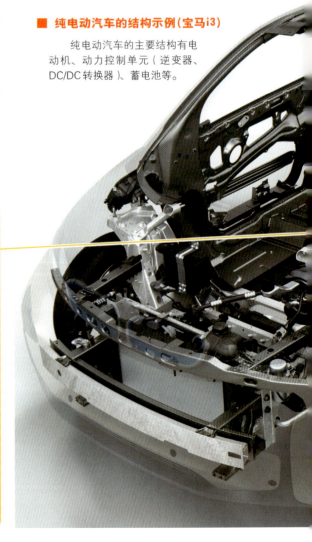

蓄电池(二次电池)

锂离子蓄电池是由多个电池单元组成的电池组,在使用中其温度会升高(特别是在快速充电时),因此将蓄电池制成空冷系统的结构。考虑到蓄电池的安全性,车架的结构设计应考虑在发生碰撞时保护蓄电池不受到损坏,且通过碰撞感知系统可将高电压电源切断

充电接口

日本纯电动汽车的充电接口标准主要有两种——日本的CHAdeMO标准和欧美的Combo标准。CHAdeMO是日本汽车制造商支持的快速充电接口，是Charge de move的缩写。CHAdeMO有三层含义："Charge de move"表示开动的意思，可在移动中使用的充电器；de表示电力的意思；另外这个标准的名称还有一层意思是"充电时间短如茶歇"，表示该接口用于快速充电

动力控制单元

动力控制单元主要由逆变器和DC/DC转换器组成。逆变器的作用是将蓄电池的直流电转变为交流电传递至电动机，且能够通过调节电流的大小来控制电动机的输出力。一般汽车上的音响、导航系统、前照灯等电气设备使用的是12V直流电源，因此利用DC/DC转换器将锂离子蓄电池的高压降低后传送至各电气设备

电动机

纯电动汽车由电动机驱动，其主要特征是在静止状态启动时能立即产生最大扭矩，因此加速性能好，且行驶过程中噪声较小。有的电动机还有能量回收功能，可以在汽车制动减速时作为发电机回收部分能量

（照片来源：宝马汽车有限公司）

纯电动汽车——电动机

纯电动汽车电动机的能源效率远远高于燃油汽车的能源效率

电动机与汽油发动机的比较

汽油发动机的转速低时,其扭矩无法增大,因此需要根据不同的行驶状态设置多个挡位。此外,汽油发动机是通过燃烧混合气体获取动力的,因此会有部分热能流失,其能量效率不高。

纯电动汽车从静止开始起步,其电动机可以立即产生最大扭矩,因此不需要通过多挡位进行变速,其加速性能优越。此外,电动机较大的特点之一是能量效率高。

纯电动汽车的结构简单,而且也不用安装汽油发动机汽车所需的进排气系统和发动机冷却系统。汽油发动机的性能好在汽车制造商之间是一个很重要的竞争力,而电动机的本身的能量效率就很高,因此它们的竞争力不在其效率上。电动机需要解决的最大难题是涉及行驶距离的蓄电池性能及其价格问题,这方面的相关技术还需要进一步研究开发。

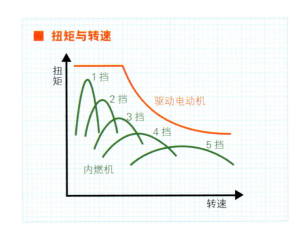

■ 扭矩与转速

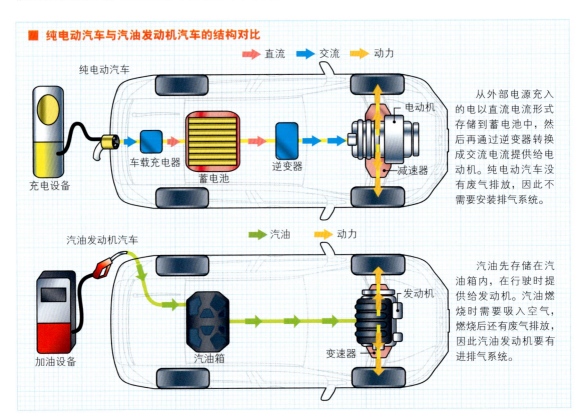

■ 纯电动汽车与汽油发动机汽车的结构对比

从外部电源充入的电以直流电流形式存储到蓄电池中,然后再通过逆变器转换成交流电流提供给电动机。纯电动汽车没有废气排放,因此不需要安装排气系统。

汽油先存储在汽油箱内,在行驶时提供给发动机。汽油燃烧时需要吸入空气,燃烧后还有废气排放,因此汽油发动机要有进排气系统。

再生制动

汽油发动机汽车将减速时产生的制动热能排放到空气中，而纯电动汽车配有发电机，可以将制动减速时产生的能量充入蓄电池存储，在需要的时候再使用此能量，这项技术成为再生制动。

如果再生功能太强，则脚一离开加速踏板就会出现急剧减速的情况，这和现有的汽车运转方式不大相同。因此大部分纯电动汽车的再生制动功能不会仅因驾驶员的脚离开加速踏板就开始起作用，而是根据驾驶员踩下制动踏板的力度来逐渐加强再生能量回收的力度。

近年，宝马i3等车型采用的结构是当脚离开加速踏板时就能开始急速回收制动能量，这些汽车制造商想要提倡有别于传统汽车的新行驶方法。

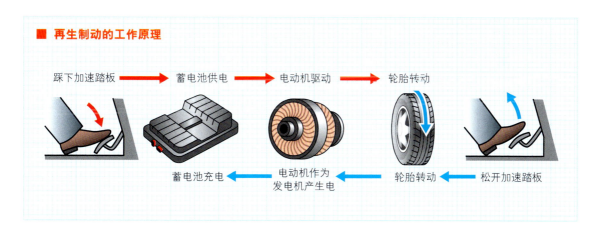

■ 再生制动的工作原理

知识链接

迷你纯电动汽车

装载锂离子电池的纯电动汽车还有很多问题需要解决，如行驶距离、价格、充电时间等。为了解决这些问题，有些纯电动汽车尽量作为短距离移动的专用工具来使用，这类纯电动汽车就要进行小型化。小型化在一定程度上能够解决纯电动汽车的一些问题。

有些人期待2~3人座的迷你纯电动汽车能作为城市内近距离的移动工具及人口稀少地方的交通工具而广泛使用，然而迷你纯电动汽车仍然存在价格问题，它还是比同配置装载空调的舒适轻型汽车要贵。因此对于纯电动汽车来说，价格是目前亟待解决的问题。

▲ 本田MC-β迷你纯电动汽车

混合动力汽车——构造

混合动力汽车的驱动方式有很多，不同汽车制造商生产的混合动力汽车的结构也不同，下面以丰田公司的普锐斯为例进行说明

拥有多个动力源

混合动力汽车是拥有两种不同动力源（如汽油发动机和电动机）的汽车。除了铅蓄电池以外，混合动力汽车通常还装载大容量的二次电池，用来储存再生能量，在需要的时候作为动力使用。混合动力汽车的英文缩写是HV（Hybrid Vehicle）或HEV（Hybrid Electric Vehicle）。

混合动力汽车的特征是可以回收减速时的能量，将其转换为电能，在汽车启动或加速时传递至电动机产生驱动力，从而节省了内燃机消耗的燃料。

混合动力汽车需要解决的一大难题是，由于汽车加装了电力输出装置，使其内燃机比传统汽车的要小，同时又安装了电池及电动机，因此混合动力汽车的结构复杂，价格也高。考虑到混合动力汽车的价格较高，因此对燃料的节省就非常重要。混合动力汽车在减速时能再生多少能量储存到蓄电池中是节省燃料的关键，因此在加速减速较少的高速公路上长距离行驶或长距离坡道行驶时，便无法发挥其真正的价值。

■ 混合动力汽车主要结构的示例（丰田普锐斯）

发动机
采用阿特金森循环的高效率发动机，在混合动力汽车上与电动机混合驱动汽车行驶

动力分离装置
将发动机产生的动力分配到驱动电动机和发电机上；当动力总成中有富裕的动力时，也会通过分离装置传递至发电机进行充电；装置采用行星齿轮机构，能更有效地进行动力分配

电动机
采用交流同步电动机，从低速旋转到高速旋转，电动机可以有效地产生扭矩，因此可控制电动机的转速和扭矩

发电机
电机在电力的驱动下运转，而车轮的转动力等外部力又能够使电动机发电；通过该原理，利用驱动轮的转动力产生电力，将其储存在蓄电池内

减速齿轮
提高电动机扭矩的部件，用来降低电动机的输出转速，并将驱动力传递至车轮，提高车轮的扭矩

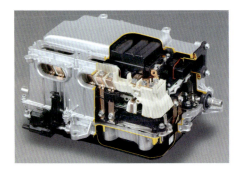

动力控制单元

动力控制单元的作用是变换直流电流和交流电流，将电源电压进行适当调整。动力控制单元主要由逆变器、可变电压系统、DC/DC转换器组成。逆变器将蓄电池的直流电流转变为适用于电动机和发电机的交流电流，或将发电机及电动机产生的交流电流转换为直流电流储存到蓄电池内。可变电压系统是将电动机及发电机的电压提高，最大可提高到650V，让电动机有高输出力性能，从而提高控制单元的整体工作效率。DC/DC转换器的作用是降低蓄电池及发电机产生的高电压，使其降低到汽车电气设备可用的12V电压

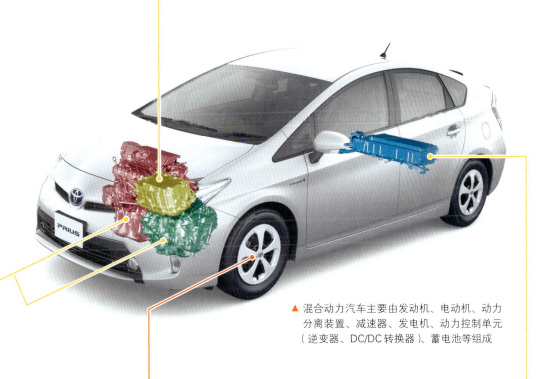

▲ 混合动力汽车主要由发动机、电动机、动力分离装置、减速器、发电机、动力控制单元（逆变器、DC/DC转换器）、蓄电池等组成

再生制动系统

再生制动系统不会将减速时的能量以热量的形式排到大气中，而是将能量通过发电机存储到蓄电池内。混合动力汽车中的发电机工作，达到的效果与燃油汽车的制动系统相似

蓄电池（二次电池）

将小型锂离子电池或镍氢电池组合连接在一个盒内，达到所需的电压。蓄电池放电时产生热量，高温会导致电池劣化，因此在电池盒中还装有冷却系统（进排气通道和风扇）

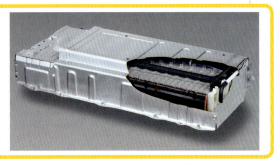

（照片来源：丰田汽车公司）

混合动力汽车——驱动联结方式

混合动力汽车的驱动联结方式有很多种,下面对3种最具代表性的方式进行说明

主要的驱动联结方式

混合动力汽车的驱动联结方式分3种,分别是使汽车燃油燃烧效率最大化的串联式,以发动机为主动力源、以电动机为辅助动力源的轻量低价的并联式,以及发动机仅用于发电的增程式。

混合动力汽车的技术在逐渐进步成熟,未来的混动联结方式会有更大的进步,也会衍生出更多的新方式。

此外也有将电动机与发动机分开安装的,在前置前驱汽车中,电动机作为后轮的驱动,必要时才使用变为四轮驱动;还有将发动机中的发电机(交流发电机)作为辅助电动机来使用,从而辅助汽车驱动。

串联式混合动力汽车

使用电动机和发动机两种动力方式来驱动车轮,另外再安装一个发电机,可利用行驶中多余的能量及减速时的再生能量进行发电。这种方式的能量回收率高,提高了燃油的使用效率。

在汽车启动或低速行驶时仅需电动机运转,使用储存在蓄电池里的电力;而在高速公路上行驶时电动机和发动机都运转,可以根据行驶条件细微地控制调节。

与并联方式相比,串联方式的混合动力汽车装有两个电动机,因此价格较高,整车也相对重些。采用两个电动机方式的典型系统是丰田混合动力系统(Toyota Hybrid System,THS)。

并联式混合动力汽车

并联方式混合动力汽车中,发动机的输出力与传统汽油发动机的差不多,且装有变速器,通过这些机构来驱动车轮。同时也要利用电动机进行驱动,且通过再生制动系统进行充电。

并联方式中的电动机也作为再生制动系统的发电机来使用,在启动和加速时用来辅助汽车的发动机。由于并联方式的主要结构与汽油发动机汽车的结构相似,因此并联方式也称为电动机辅助方式。

并联辅助方式中的电动机只有一个,因此蓄电池的容量少,整车重量轻,且价格较低。但是并联方式的混合动力汽车采用两种动力源,其控制方式更复杂;此外,发电和驱动功能不能同时进行。采用并联方式的典型系统是本田IMA系统。

■ 串联式混合动力汽车的示例

■ 并联式混合动力汽车的示例

增程式混合动力汽车

增程式混合动力汽车指的是发动机仅用于发电，而电动机用来驱动汽车行驶且能进行能量回收的汽车。增程式是在纯电动汽车上装载发电用的发动机，利用发动机来驱动发电机，将产生的电力存入大容量的蓄电池内，然后利用这些电力驱动电动机使汽车行驶。

采用这种方式就可以解决纯电动汽车行驶距离短的问题，由于发电机可以进行发电，因此通过给汽车补充汽油等燃料来解决纯电动汽车的缺陷。但是，如果使用外部电源进行充电，且在电动汽车可行驶的里程范围内行驶，发动机和燃油箱就无法发挥其作用了。

■ **增程式混合动力汽车的示例**

知识链接

与混合动力相似的系统

与并联式混合动力汽车的系统类似的有轻混合动力汽车。轻混合动力汽车在交流发电机上装有辅助行驶用的电动机，还配有锂离子电池（在普通混合动力汽车的二次电池中算是体积较小的）等，将减速时的再生能量储存于电池内，然后可在行驶时使用。

此外，还有配置输出力较小的且带有ECO（节能环保）模式的电动机，这种系统也接近于并联式。

以上两种方式都缩小了价格较高的蓄电池的体积，考虑了系统的成本和燃油消耗量。

还有一种系统是在前置前驱汽油发动机汽车上，通过电动机对后轮进行驱动，从而使汽车变为四轮驱动（电动四轮驱动系统）。由于这类汽车是采用发动机和电动机共同驱动的，因此理论上可称其为混合动力汽车；但是它没有装载锂离子电池，且不能使用再生能量，因此一般不称它为混合动力汽车。

■ **轻混合动力系统的示例**

轻混合动力系统中的交流发电机在减速时进行发电，将电力储存至铅蓄电池及小型锂离子电池中；在加速时作为驱动电动机辅助发动机工作。

■ **电动四轮驱动系统的示例**

驱动电动机所需的电力可直接由发电机提供，不用通过蓄电池。

混合动力汽车——工作原理

混合动力汽车将发动机和电动机都作为其驱动系统使用,因此对它们合理的控制是非常重要的

混合动力汽车行驶系统的结构

串联式混合动力汽车在行驶过程中,其动力源为发动机和电动机两种,因此要根据发动机和电动机的输出特性及蓄电池的剩余电量,通过电子控制单元(ECU)对动力进行有效分配,同时有效地进行充电。

从启动到低速行驶,电动机的扭矩通常要大于发动机的扭矩,因此汽车在启动过程中的主要动力源是电动机。

驱动电动机的电力通过再生制动系统存储到蓄电池内,为了提高混合动力汽车的燃料使用率,其关键问题在于如何使蓄电池内储存的电力更有效地发挥作用。然而,当驾驶员松开加速踏板时,再生制动系统立即回收大量能量,会导致汽车急剧减速,因此要对再生制动系统进行合理控制,平缓减速。

启动

汽车启动时使用电动机作为动力源。电动机在低转速的状态下,能产生很大的扭矩,因此汽车启动时只用电动机驱动就足够了。

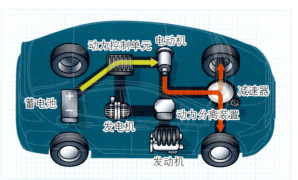

低速行驶

电动机在低转速状态下的扭矩较大,工作效率高;与之相反,发动机在低转速状态下扭矩较小,工作效率一般。因此,汽车在低速行驶时利用电动机来驱动。蓄电池的电量不足时,就需要利用发动机工作产生的电力来驱动电动机。此外,根据行驶条件的不同,汽车有时也会利用发动机作汽车行驶的动力源。

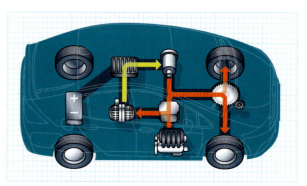

正常速度行驶

汽车正常速度行驶时,发动机将成为主要动力源,再根据具体的行驶情况,通过电子控制单元选择最合适的驱动方式及能量再生方式。例如,发动机里有多余的能量时,需要通过发电机将这些能量转换为电能,然后存入蓄电池内。

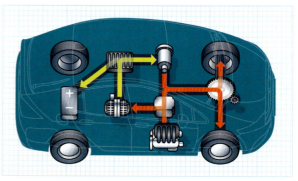

高速行驶

汽车在很陡的坡道行驶或超车时，需要很大的驱动力，此时就需要用到电动机和发动机两种驱动方式。如果蓄电池中储存的电量不足，则在高速行驶时也可只利用发动机驱动。

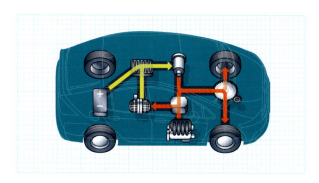

减速

驾驶员松开加速踏板或踩下制动踏板时，汽车处于减速状态，利用车轮的转动力使电动机作为发电机使用，将减速的能量转换为电能。驾驶员踩下制动踏板时，再生系统开始工作，回收大量能量，但系统工作的强度需要通过电子控制单元进行协调控制。

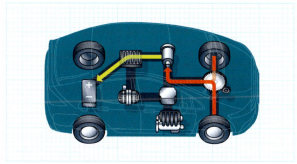

停车（怠速停车）

汽车在等待信号灯等情况下停车时，发动机、电动机、发电机也随之停止工作，抑制怠速停车过程中的能量消耗。

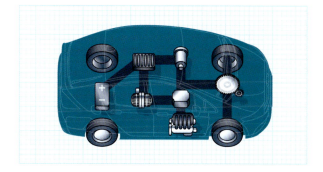

> **知识链接**

怠速启停系统

停车时在发动机不熄火的情况下尽量调小气门，这种使用较少的燃料保持发动机运转的状态称为怠速停车。然而在汽车启停状况较多的情况下，燃料的浪费还是会有所增加。此外，废气的排放对环境也有恶劣的影响，因此近年来汽车上多采用怠速启停技术。

近年安装怠速启停系统的汽车越来越多，用于等待信号灯等情况下的停车，可自动停止发动机的运转。混合动力汽车本身的结构形式就能通过电动机的控制来实现怠速启停这项功能；而传统的汽油发动机汽车在频繁地启停状况下，起动机的使用频率会大幅增加，因此要采用高耐久性的起动机和高性能的蓄电池。

■ **怠速停车**

插电式混合动力汽车

插电式混合动力汽车上配有充电插口，可以通过外部设备给蓄电池充电

拥有纯电动汽车功能的混合动力汽车

插电式混合动力汽车的英文缩写为PHV（Plug in Hybrid Vehicle）或PHEV（Plug in Hybrid Electric Vehicle），所装载的电池数量比普通混合动力汽车的多，在近距离行驶时选用电动方式，在远距离行驶时选用混动方式。插电式混合动力汽车拥有电动和混动两种驱动方式，且两者可分开使用，因此不必担心出现电力不足的情况。

插电式混合动力汽车的电动式行驶距离一般是30km左右，根据车型的不同会稍有不同。根据统计数据显示，对于约80%的用户来说，每天的行驶距离一般在20km以内，依此判断插电式混合动力汽车大多时间里可作为纯电动汽车来使用。作为纯电动汽车使用时，不需要运转发动机，因此也不会产生油耗。

当计划要行驶的距离超出了电动方式驱动所能行驶的最大距离，此时就需要改用消耗汽油的混动式，因此需要为汽车加注汽油。利用混动方式行驶30km仅需要消耗2L左右的汽油。此外，由于插电式混合动力汽车的驱动方式包含电动和混动两种，所以它比传统的燃油汽车和纯电动汽车都重，且价格较高。

■ 插电式混合动力汽车的结构示例（丰田普锐斯PHV）

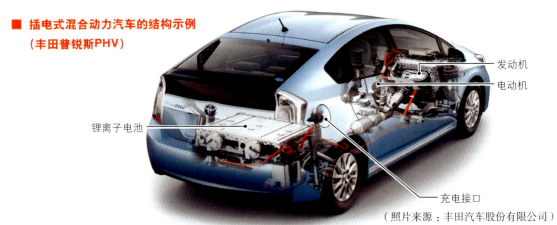

（照片来源：丰田汽车股份有限公司）

■ 插电式混合动力汽车的特征

知识链接

清洁柴油发动机

汽油发动机的运转是用火花塞来点燃汽油；而柴油发动机的运转是将空气压缩到一定程度，其温度达几百摄氏度时，喷射燃油使其自燃。柴油发动机的优点是扭矩大，耗油量少，因此二氧化碳的排放量也少；缺点是柴油燃烧不均匀，因此会产生NO_x（氧化氮）或PM（如黑烟般的颗粒物）等有害物质。

柴油发动机装有博世公司开发的新型"共轨"燃料喷射系统后，可细微地调控燃料的喷射量，使燃料的燃烧率提高到接近100%，能够有效抑制NO_x和PM的产生，提高了柴油发动机的输出力和扭矩，减少了噪声，且更加节能。

一般柴油发动机都装有NO_x后处理装置和去除PM的柴油颗粒过滤器（Diesel Particulate Filter, DPF）。近年开发的新技术是通过降低气缸内的压力来减少废气的排放，即使采用小型化的DPF，不安装NO_x后处理装置，也能使柴油发动机的排放符合日本的"Post New Long Term（ポスト新長期）"和欧洲的"欧Ⅵ"等世界上最严格的尾气排放标准。

这类新型柴油发动机被称为清洁柴油发动机，在欧洲已经安装在主流的环保汽车上，在日本使用数量也处于增长趋势。

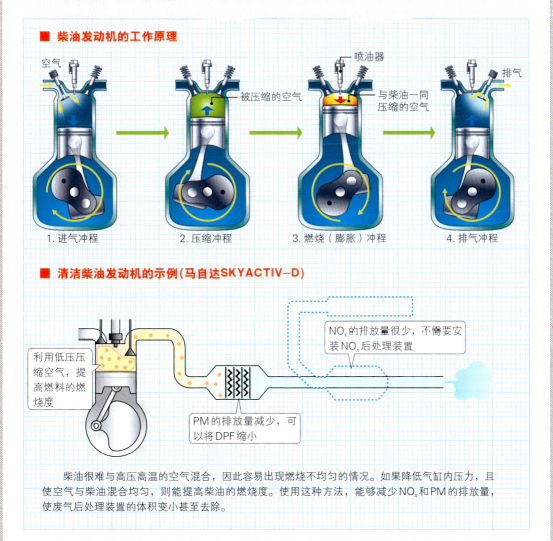

■ 柴油发动机的工作原理

1. 进气冲程
2. 压缩冲程
3. 燃烧（膨胀）冲程
4. 排气冲程

■ 清洁柴油发动机的示例（马自达SKYACTIV-D）

柴油很难与高压高温的空气混合，因此容易出现燃烧不均匀的情况。如果降低气缸内压力，且使空气与柴油混合均匀，则能提高柴油的燃烧度。使用这种方法，能够减少NO_x和PM的排放量，使废气后处理装置的体积变小甚至去除。

燃料电池汽车

燃料电池汽车利用填充在汽车内的氢气和氧气来发电，从而使电动机驱动汽车行驶

将氢气作为能源来发电的汽车

燃料电池汽车（FCV, Fuel Cell Vehicle）由电池和电动机驱动行驶，因此也算是纯电动汽车的一种，但是电池不是通过外部电源进行充电的蓄电池（二次电池），而是利用车载燃料电池中的氢气和大气中的空气进行发电的。通过这种燃料电池来驱动电动机工作，从而使汽车行驶。

除了铅蓄电池以外，燃料电池汽车还装载了二次电池，用来储存再生能量，必要时作动力使用，这样的结构很像混合动力汽车。

燃料电池汽车是将氢气储存在车载储存罐内，这一点和燃油汽车类似，不像纯电动汽车那样容易出现电力不足的情况，而且在储存罐内充满氢气后，燃料电池汽车的行驶距离比加满汽油后的传统发动机汽车的行驶距离更长。行驶中排放的废弃物也只有水分，因此燃料汽车是下一代环保汽车最有力的候选。此外，在发生灾害时，汽车中的电池还可作应急电源使用。

目前燃料电池汽车所面临的问题是，氢气的处理方法较难，还有氢气供给站的普及度不高，且汽车的价格也略高。将氢气从氢气厂运送到氢气供给站的过程中，由于氢气是气体状态，因此运输效率低。如果在各氢气供给站生产氢气，则会省去运输环节，但是建造氢气供给站的费用又会升高。

燃料电池汽车需要装载燃料电池以及氢气储存罐等设备，车身体积变大，价格也随之增加。

■ 燃料电池汽车结构的示例（丰田MIRAI）

燃料电池汽车主要由电动机、燃料电池、氢气罐、动力控制单元（逆变器、DC/DC转换器）、蓄电池组成。

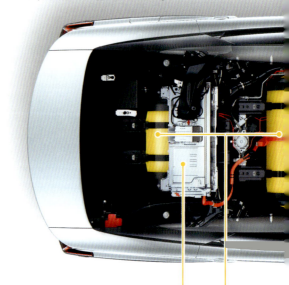

蓄电池（二次电池）
可进行充电放电的二次电池，减速时储存再生能量，加速时辅助燃料电池。MIRAI汽车上装载的是镍氢蓄电池

高压氢气罐
MIRAI汽车装有70MPa的高压氢气罐。最新型的罐体有三层结构，分别是直接与氢气接触的内塑料层，确保耐压强度的碳纤维塑料层，保护表面的玻璃纤维塑料层

燃料电池

燃料电池是利用氢气与氧气之间的化学反应产生电能的发电装置。将氢气运送到燃料电池的负极，氧气运送到正极，在燃料电池内反应输出电能。燃料电池由数百个串联的燃料电池单元组成，能够提高电池电压。燃料电池也称为燃料电池堆（FC堆），是由电池单元重叠组合成一体。燃料电池的最大特点是转换效率高，且不会排放有害物质。燃料电池的工作原理不是燃烧氢气，而是直接产生电能，理论上是可以将氢气保有能量中的83%转换为电能，转换效率是汽油发动机的2倍甚至更多

动力控制单元

动力控制单元主要由逆变器及DC/DC转换器组成，逆变器用来将燃料电池产生的直流电流转换为电动机所需的交流电流，DC/DC转换器用来控制蓄电池电能的输入输出。它在不同的运转状况下都能细微地控制燃料电池的电能输出和二次电池的充放电

电动机

MIRAI汽车装有交流同步电动机，在减速时，电动机起到发电机的功能，完成能量回收

燃料电池升压转换器

MIRAI装有大容量的燃料电池升压转换器，用来提高电动机的电压。电动机的电压升高了，则可以减少燃料电池堆的单元数量，实现电池系统的小型轻量化

（照片来源：丰田汽车股份有限公司）

燃料电池和蓄电池

环保汽车不仅要储存电能,还要产生电能,因此需要装载蓄电池或燃料电池

燃料电池的结构与工作原理

普通蓄电池需要外部充电才能使用,而燃料电池可以在内部自行发电。

燃料电池由电池单元组成。电池单元的结构像一个三明治,在正极(空气极)和负极(燃料极)之间夹着电解质膜。简单来讲,燃料电池单元就是将普通电池两极之间的电解液换成了电解质,从而形成了一个平整的干电池。一个单元的电压非常小,不足1V,因此需要串联多个电池单元来提升电压。电池单元压缩在几毫米厚的板子上,它的正极和负极上有很多细小的沟槽,由外部提供的氢气和氧气夹着电解质通过这些小沟槽进入内部完成化学反应,从而产生电能。

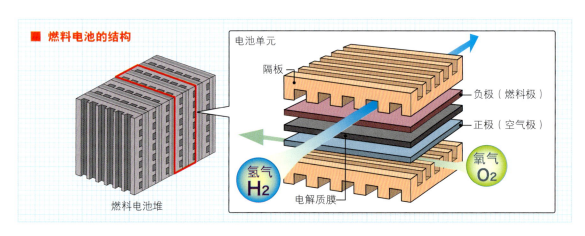

■ 燃料电池的结构

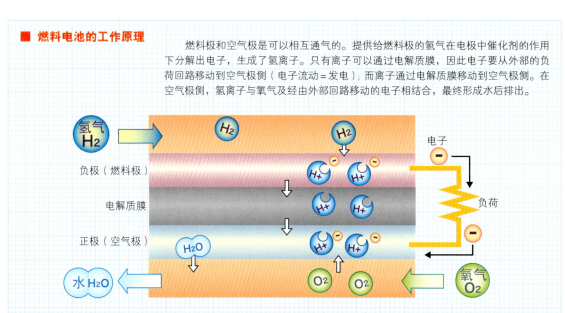

■ 燃料电池的工作原理

燃料极和空气极是可以相互通气的。提供给燃料极的氢气在电极中催化剂的作用下分解出电子,生成了氢离子。只有离子可以通过电解质膜,因此电子要从外部的负荷回路移动到空气极侧(电子流动=发电);而离子通过电解质膜移动到空气极侧。在空气极侧,氢离子与氧气及经由外部回路移动的电子相结合,最终形成水后排出。

锂离子电池

在二次电池中，比较具有代表性的是锂离子电池。二次电池的主要构成有正极的钴酸锂离子等过渡金属复合氧化物，负极的碳素，电解质的非水系电解液，夹住正极和负极的隔板。

锂离子在电池充电时从正极流向负极，放电时从负极流向正极，通过电子的释放或锂离子的移动产生电流。电池使用的是非水系电解液，与采用水作电解液相比，可以得到更高的电压，因此锂离子电池的能量密度较高。也是由于这个原因，电动汽车的电池普遍使用锂离子电池。

如果过度充电或过度放电，则会引发电池的异常发热现象，甚至会引起破裂或起火。因此，为了确保电池的安全，一般在电池系统上配置了监视充放电的安全保护回路。

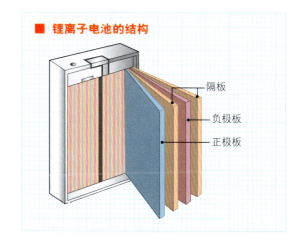

■ 锂离子电池的结构

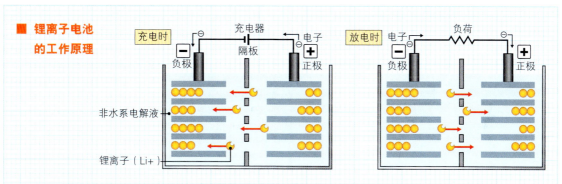

■ 锂离子电池的工作原理

镍氢电池

镍氢电池的安全性能高，且价格相对便宜，因此通常用来作混合动力汽车的二次电池使用。混合动力汽车的电池所需的能量密度比电动汽车所需的小。

镍氢电池的正极是氢氧化镍，负极是储氢合金，两极之间夹有隔板（聚烯烃材质的薄型无纺布或树脂片）。将正极、隔板、负极一同卷起后放进干电池的单一型金属容器中，然后将作为电解液的浓氢氧化钾注入容器内，最后进行密封。

1节镍氢电池的输出电压为1.2V，由多节电池（一般是6节）串联成的2组称为一个模块。一般使用的电池组是串联了10个以上的模块。

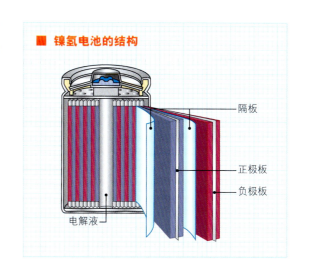

■ 镍氢电池的结构

环保汽车面临的问题

研究环保汽车时提出了一个很重要的概念——"从油井到车轮（Well to Wheel）"

不够完美的环保汽车

燃料电池汽车、纯电动汽车、混合动力汽车等都属于环保汽车，但是它们各自有不同的优缺点。

燃料电池汽车在其环保性能上要优于纯电动汽车或混合动力汽车，因此被称为是理想的环保汽车；但是氢气的处理方法、氢气供给站、汽车的价格等，需要解决的问题很多，因此燃料电池汽车还无法广泛普及。纯电动汽车的二氧化碳排放量为零，采用电动机驱动行驶，因此有很多优点；但同时也存在行驶里程短、蓄电池价格高等缺点。混合动力汽车的二氧化碳排放量比汽油发动机汽车的少，但是通过低耗油量产生的价格优势根据行驶条件的不同也会发生变化。

此外，对于环保，为电动汽车或插电式混合动力汽车提供电能的外部电源的发电方式也非常重要。例如，即使环保气体自身的二氧化碳排放量较少或为零，但是如果使用火力发电产生的电能为汽车充电，则总体来说还是会产生较多二氧化碳。

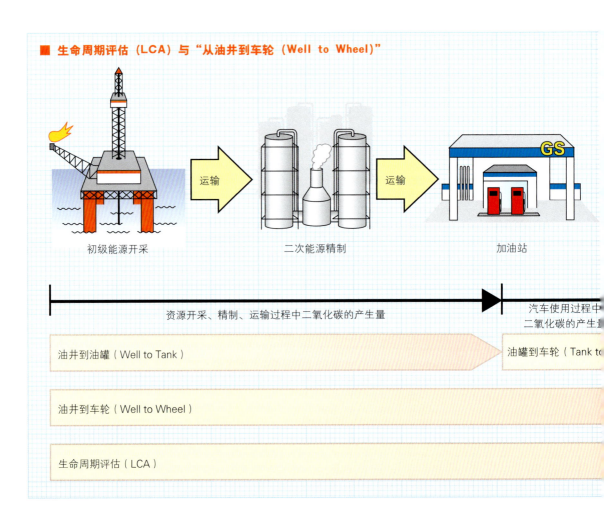

■ 生命周期评估（LCA）与"从油井到车轮（Well to Wheel）"

"从油井到车轮（Well to Wheel）"

当人们思考环保汽车时，不仅要考虑汽车本身，还需要从更大的方面进行思考。

从地球环境的观点来考虑，从石油的开采到汽车的制造都会产生二氧化碳，且汽车废弃后的回收利用过程也会产生二氧化碳。因此产生了一种计算二氧化碳总排放量的方法，从初级能源开采到汽车废弃后的处理，这种方法称为生命周期评估（LCA）。生命周期评估客观地量化了总二氧化碳（排放物等）对地球的影响（影响的评估），如对地球变暖等环境的影响及资源枯竭等影响，根据评估的结果为改善环境等相关政策提供科学且客观的依据。在这里，我们将初级能源从开采到加油站的过程称为"油井到油罐（Well to Tank）"，从开采到汽车上路行驶的过程称为"油井到车轮（Well to Wheel）"。

对于地球环境的保护，不仅要在制造环保汽车过程中进行，还要考虑整体过程中二氧化碳排放的应对政策。

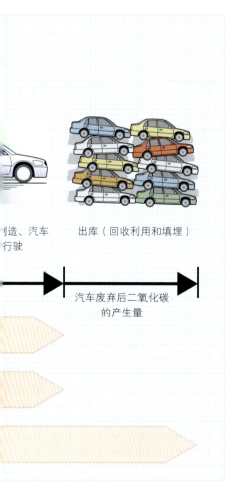

制造、汽车行驶　　出库（回收利用和填埋）

汽车废弃后二氧化碳的产生量

知识链接

"从油井到车轮"的意义

纯电动汽车在行驶中的二氧化碳排放量为零，显然比柴油发动机汽车的二氧化碳排放量少。然而，对比两者从油井到车轮的整个过程，纯电动汽车在某些阶段的二氧化碳排放量更多。例如，通过自然能量发电的清洁发电（风力等）过程中，二氧化碳的产生量几乎为零；而利用燃烧煤炭等手段进行发电时，纯电动汽车的二氧化碳排放量远大于柴油发动机汽车。

依此来看，汽车仅在行驶过程中耗油量少，无法断定二氧化碳的总排放量就少。行驶过程中所排放的二氧化碳只是汽车"从油井到车轮"完整的一生中二氧化碳排放量的一部分。

二氧化碳排放量比较（"从油井到车轮"）——纯电动汽车与柴油发动机汽车

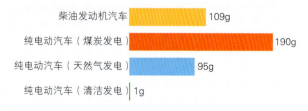

柴油发动机汽车　109g
纯电动汽车（煤炭发电）　190g
纯电动汽车（天然气发电）　95g
纯电动汽车（清洁发电）　1g

（数据来源：大众汽车媒体宣传资料）

小专栏

解决环保问题的历史

汽车行业在20世纪急速发展,随之而来的是汽车尾气引起的空气污染及噪声等各种各样的环境问题。为了应对这些环境问题,各国开始实施环保相关的法律法规。

1970年,美国埃德蒙·西克斯图斯·马斯基国会参议院议员提出了清洁空气法修正案(俗称马斯基法案)。该法案的内容:新生产的汽车排放尾气中的一氧化碳、碳氢化合物、氮氧化合物等的含量应降低至1970～1971年生产车型的1/10以下;未达到此标准的汽车在规定期限后禁止销售。马斯基法案的要求十分严格,根据该法案,日本的本田汽车公司在1972年最先开发出了CVCC(复合涡轮控制燃烧)发动机,实现了清洁化的排放;马自达汽车公司在1973年对转子发动机尾气改善装置的热反应器进行了改良,也实现了排放的清洁化。但是由于1973年的石油危机以及技术上遇到的困难,对马斯基法案的修正一直延期,最终在1995年才正式发布该标准。

此外,美国还制定了公司平均燃油经济性(Corporate average fuel economy)标准,即CAFE标准。该标准制定者计算了实际销售的全部汽车(包括轿车和面包车等小型卡车)的平均燃料经济性,并将得出的数据写到标准中。从1978年生产的车型开始实施CAFE标准,为了使燃油经济性不低于标准,各大汽车厂商都在努力研发新技术。如今,普通轿车的燃油标准是1US gal燃油行驶35.7mile(1L燃油行驶约15.2km),小型卡车是1US gal燃油行驶23.5～28.6mile(1L燃油行驶约12.2km)。除了美国,欧洲、日本等国家也都对汽车的环保提出十分严格的规定。

第4章

汽车未来的发展

　　自汽车诞生以来,汽车给人们的生活带来很多便利性和舒适性。然而,汽车排放的二氧化碳、汽车制造及行驶过程中消耗的能源等,为地球带来了巨大的负荷。如今,与社会不可分割的汽车将来会发展到什么程度呢?本章将从汽车和汽车社会两方面来讨论汽车未来的发展方向。

汽车的未来——氢能源

如今的汽车动力主要来源于化石能源，但是在不久的将来，氢能源将成为汽车的主要能源

汽车与氢能源

如今汽车的主要动力源是化石能源，因此引发了大气污染、地球温室效应、石油枯竭等诸多问题。汽车为了与社会共存共进，必须要考虑地球环境与能源的问题。

不仅是汽车，如今日本使用的其他能源也大都是化石能源，人们不得不考虑该如何脱离化石燃料。在这个过程中，2014年4月，日本政府作为新能源政策的方向指导，在日本内阁会议通过"能源基本计划（第4次）"。基本计划是"氢气在多种初级能源的基础上通过多种方法制造而成""可通过气态、液态、固态等所有形态进行储藏、运输氢气""利用合适的

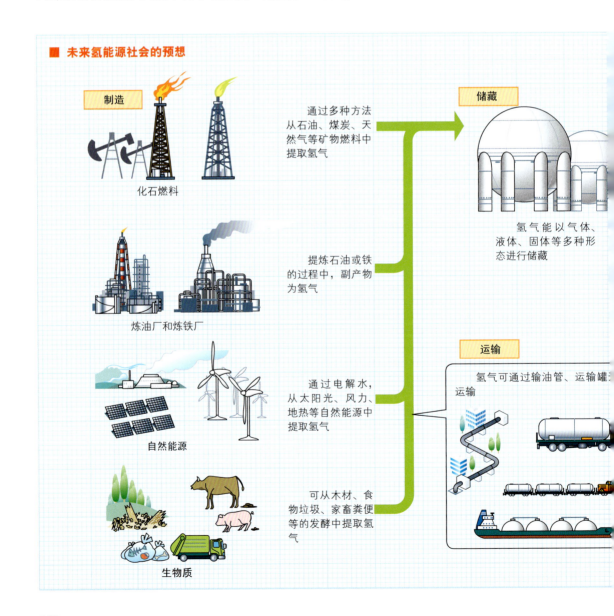

■ 未来氢能源社会的预想

制造
- 化石燃料：通过多种方法从石油、煤炭、天然气等矿物燃料中提取氢气
- 炼油厂和炼铁厂：提炼石油或铁的过程中，副产物为氢气
- 自然能源：通过电解水，从太阳光、风力、地热等自然能源中提取氢气
- 生物质：可从木材、食物垃圾、家畜粪便等的发酵中提取氢气

储藏
氢气能以气体、液体、固体等多种形态进行储藏

运输
氢气可通过输油管、运输罐运输

方法实现高能源效率、低环境负荷以及问题的及时应对等""承担未来二次能源的作用",人们正在提倡加快实现利用并活用氢气的氢能源社会。

在人们预想中,未来的氢能源社会是这样的:街道上很多燃料电池汽车在行驶;提供氢气的氢气供给站随处可见,就像现在的加油站;燃料电池不仅应用于家庭轿车上,还应用于大巴、出租车以及运输用的卡车等;未来,燃料电池不仅在汽车上使用,还有可能在地铁或飞机上使用;除了交通工具以外,氢气也会出现在人们日常的生活环境中,如在家庭住宅或办公楼配备燃料电池,利用燃料电池为各电器提供电能。

氢气的使用能够大大减少二氧化碳的排放量,给地球环境带来良好的影响。目前,燃料电池汽车的普及还存在很多问题,但是为了广泛应用燃料电池汽车,最终实现氢能源社会而不断进行研究开发是非常必要的。

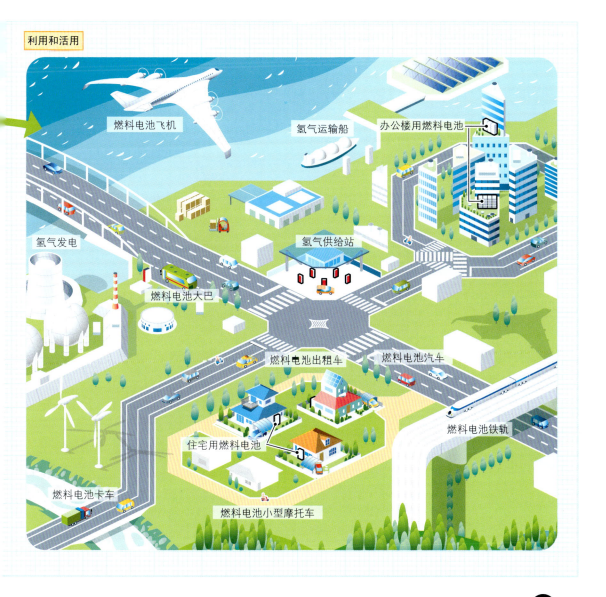

利用和活用

汽车的未来——无人驾驶

真正能实现自动行驶的无人驾驶汽车正在研究开发中,已经渐渐显出其形态

汽车无人驾驶技术的现状

无人驾驶汽车利用普通雷达、激光雷达(利用激光的遥感技术)、GPS、摄像头等检测周围环境及位置情况,并运用人工智能(AI)及控制技术,只需设定目的地便可以自动且安全地上路行驶。公路上行驶的无人驾驶汽车还没有在市场上销售,但是装载有自动泊车系统或车道保持系统等部分自动驾驶技术的汽车已经在市面上销售。

目前,已经完全实现应用的无人驾驶系统有以色列军用巡视预先设定好路线的无人车,在矿山及建筑工地使用的自动卸货卡车等。

无人驾驶技术的示例——自动泊车辅助系统

日产汽车的自动泊车辅助系统通过顶视图(从上方向下看的画面)指定停车位置,然后方向盘自动操纵将汽车停放到指定位置。驾驶员只需要关注加速踏板和制动踏板的操作以及周边安全即可。

自动泊车辅助系统的原理是利用设置在车身前后左右车镜上的四个摄像头进行拍摄,将拍摄到的画面转换为顶视图,并依此判断汽车的回转半径中心、与相邻汽车不干涉的范围、到目标停车位置的模拟轨迹,再通过周边状况信息引导汽车停到指定位置。

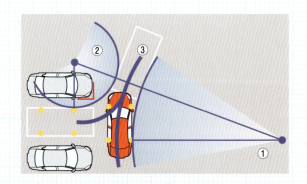

■ 自动泊车辅助系统

①—汽车的回转半径中心;②—与相邻汽车不干涉的范围;③—到目标停车位置的模拟轨迹

自动泊车辅助系统通过调整以上三个参数,将汽车引导至指定停车位。

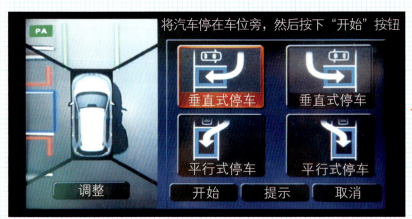

◀ 自动泊车辅助系统的摄像头安装在汽车的前后两端以及左、右外视镜上,通过这些摄像头确认周边的状况,而顶视图由摄像头拍摄的画面转换而成

(照片来源:日产汽车股份有限公司)

无人驾驶技术的示例——无人驾驶自卸卡车行驶系统

小松集团的无人驾驶自卸卡车行驶系统（AHS，Autonomous Haulage System）通过中央控制室对卡车进行控制，实现从矿山的矿石堆积场到排土场的移动以及矿石卸载的无人操作。卡车装载有高精度GPS、障碍物检测传感器、多种控制器及无线网络系统等。

目标行驶路线和速度等信息都由中央控制室通过无线网络自动传递到卡车上，卡车则通过高精度GPS及航位推算法掌握自身的位置，同时以目标路线及设定的速度行驶。

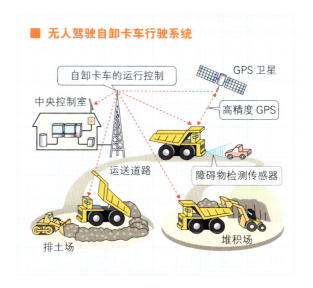

■ 无人驾驶自卸卡车行驶系统

理想的无人驾驶

无人驾驶最大的优点是没有人为失误的"事故率为零"，同时它也能在人无法进入的环境中行驶。

如果能实现完全的无人驾驶，则可以缩短行驶中的车距，将车辆行驶的车道线宽度变窄，提高车速，最终实现汽车行驶效率的提高。从这些可能实现的情况来判断，无人驾驶能将交通流量提高至现在的数倍。此外，无人驾驶实现了高效行驶，同时也能降低汽车的能源使用。

具体的实现方法有建设道路基础设施、安装车载传感器及网络系统，但是很多技术仍处在研究阶段，还需要在今后进一步的发展中实现。

■ 无人驾驶的未来
- 缩短车间距
- 将车道线之间的宽度变窄
- 提高车速
- 提高交通流量数倍
- 减少汽车的能源消耗
- 使汽车事故率为零

汽车的未来——车联网

汽车不仅可以按照驾驶员的意愿行驶,还能通过网络与外部连接按照规划的路线行驶

汽车网络化

如今,电子控制单元(ECU)能够精确地控制汽车行驶及制动等功能,作为机械零部件集成的汽车脱离了电子控制单元的控制便无法运行。

近年,装载电子控制单元的汽车上也配备了通信系统,通过与外部联网获取各种各样与汽车有关的信息服务,这个系统就称为车联网系统。

车联网系统以各大汽车厂商提供的单独服务为主,此外还有多种附加的服务,如通过外部传感器来掌握其他汽车的行驶情况,避开堵车路线的导航,发生事故时自动发送信息到急救中心等。

汽车的行驶通过网络与外部社会系统相连接。同样,在汽车上安装通信系统,用来进行人、车、道路设施之间的信息交流,解决道路交通中的事故、堵车现象、环保等问题,这一整个系统就称为智能交通系统(ITS,Intelligent Transport System)。智能交通系统中的汽车导航、道路交通信息通信系统(VICS)、电子不停车收费系统(ETC)等都已在汽车或道路上应用。

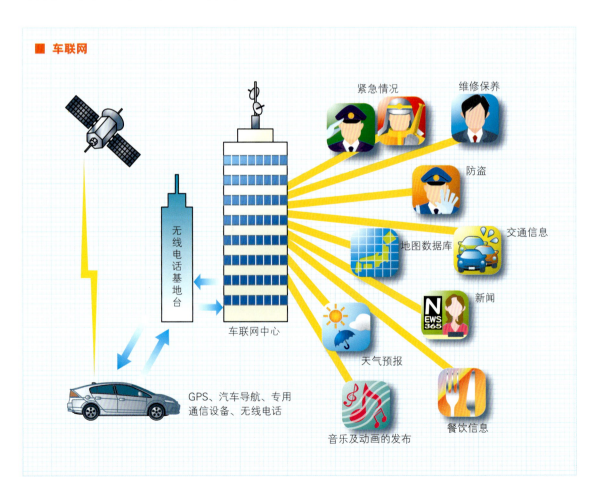

■ 车联网

车联网的发展方向

在车联网技术发展成熟的未来汽车社会中，营运类车辆可装载具备通信及导航功能的车载设备，使得管理人员即使在距离较远的位置也能轻易掌握车辆的运行状况，随时应对涉及车辆运行管理中法规适应性、环境、安全及业务效率的相关情况。

随着声音识别系统、智能手机、云计算等技术的发展，汽车可实现在行驶的同时进行各种信息管理及通信。此外，未来的汽车还将具备秘书的功能，朝着智能机器人的方向发展。

车联网系统再进一步发展，就能够实现无人驾驶，将撞车事故降低至零，因此汽车的外形也会有很大的变化。汽车内饰仪表台上的主要部件是车载显示器，其大小、数量及位置等的设置，会给乘员一种不是处在移动的汽车内，而像是在办公室或起居室一样的感觉。未来的汽车座椅等也会有很大的改变。

未来的汽车经过网络化后，会完全颠覆现在汽车的概念。

■ **车联网的未来**

驾驶的乐趣

汽车最大的魅力在于驾驶操作本身能够满足人类本能所喜欢的速度与激情

汽车的魅力

人类最初是以步行的方式移动的。人出生大概一年后就开始行走，过不了多久就可以跑起来。孩子们都很喜欢跑起来的感觉，因为觉得跑起来的速度感和刺激感好玩儿。让孩子们坐在小推车里，推着车快跑时，无论是男孩还是女孩都会喜欢这种快速移动的感觉。随着孩子的慢慢长大，他们会逐渐喜欢上汽车、大巴、电车等交通工具。

当实现超出自己能力以外的事情时，人类会本能地感到开心。在汽车还没有普及时，能够驾驶汽车的人们总是沉醉于日常无法体会到的速度感和刺激感中。随后由于移动快速方便，汽车开始大量普及，但从本质上来讲，人们还是喜欢汽车驾驶的速度与刺激所带来的快感，汽车本身是很有魅力的。最能体现汽车的速度感与刺激感的就是赛车比赛，即使不能自己亲自驾驶赛车，只通过观看也能感受到赛车那超出常规的速度与激情。

▲ 日本早期的赛车场多摩川赛道举办的汽车赛事（1936年）

（照片来源：日产汽车股份有限公司）

像这样，人们遵循着本能，愉快地过着汽车上的生活，然而，如果留意的话就会发现，如今的汽车所能达到的行驶速度已经能让人感到危险了，汽车的发展已经超出了刺激感，达到了危险的领域。如F1赛车的性能已经提高到的程度是驾驶员必须通过训练才能承受其转弯时的离心力。日常人们所驾驶的汽车性能也达到了与赛车相同的水平，但即使汽车能达到更快的速度，也没有可以驾驶的人，所以人们日常驾驶的轿车不需要那么快的速度。

如今汽车技术的发展趋势要重点考虑环境与安全。对于影响全球环境的二氧化碳的排放量，不仅要考虑汽车本身，还要考虑能源的整体发展。此外，在安全方面，随着车联网技术的发展，人们更加专注于"绝对不会撞毁汽车"的无人驾驶技术的研发。在不久的将来，自动控制的汽车将展现在人们的面前。

曾经人们将汽车的速度感与刺激感作为驾驶的基本乐趣，而以这个乐趣为基础的汽车时代已经结束。未来的汽车将会如同移动的机器人一样，会一直作为"人类的助力器"不断变化其形状功能而发展下去。当然，在汽车的发展过程中，人们对汽车行驶的乐趣将不仅仅局限于速度与激情，还会有更多的形式。

希望汽车一直是人们所喜爱和追求的对象。

◀ F1赛车
汽车竞赛中最高级别的赛车

▼ 谷歌无人驾驶试验车
与当下汽车的概念及商业模式完全不一样的汽车
（照片提供：Google）

索 引

3C2B　79
4C3B　78, 79
CAFE 标准　108
DC/DC 转换器　91, 95, 103
ECU　12, 62, 114
FC 堆　103
MAG 焊　76, 77

A

阿特金森循环　94
阿特金森循环发动机　17
爱迪生电池　3
安全车距控制系统　68, 69
安全带　60
安全气囊　62, 67

B

白车身　53, 78
板材　74
半拖拽臂式悬架　44
半自动变速器　33
保险杠　55
被动安全　88
泵轮　30
变速器　4, 30, 32, 36, 37
并联式混合动力汽车　96
玻璃升降器　54, 55, 84

C

侧电极　21
插电式混合动力汽车　100
差速器　5, 36
柴油发动机　8, 101
车窗　56, 81
车道保持辅助系统　68, 69
车灯　4, 63
车联网　114, 115
车轮　5, 40, 41
车轮定位　45

车门　4, 54, 55, 81, 84
车门板　84
车门横梁　57
车身　4, 54, 56, 74, 76, 78, 80
承载式车身　52, 53
齿圈　24, 31
冲压成型　75
冲压机　74, 75
初级绕组　21
传动轴　5, 36, 37
串联式混合动力汽车　96, 98
窗框　54
纯电动汽车　90, 91, 92, 93
次级绕组　21
从油井到车轮（Well to Wheel）　106, 107
催化转换器　23

D

怠速停车　99
单点喷射　19
单顶置凸轮轴（SOHC）　17
弹起式发动机　57
导轮　30
底盘　4, 34
点焊　76
点火器　20, 21
点火系统　20
点火线圈　20, 21
电池单元　90, 103, 104
电磁　21
电动机　17, 91, 92, 94, 103
电动汽车　2, 3, 8, 90
电动四轮驱动系统　97
电弧焊　76, 77
电子稳定控制系统（ESC）　68
动力分离装置　94
动力控制单元　91, 95, 103
独立悬架　42

锻造　83
多连杆式悬架　43

E

二次电池　90, 94, 102, 105

F

发电机　94
发动机　4, 6, 12, 81, 82, 83, 94
防抱死制动系统（ABS）　51
飞轮　13, 15, 29
非独立悬架　42
分电器　20
辅助生产线　73, 80, 81, 82, 84
覆盖件　53

G

钢板　52
钢化玻璃　56
钢制车轮　41
缸内喷射　19
高电压绕组　21
工业机器人　76, 80, 81

H

后轮驱动（RWD）　6
后视镜　5, 61
后置后驱（RR）　7
互感作用　21
混合动力汽车　3, 8, 17, 94, 95, 96, 98
活塞　12, 14, 15
活塞连杆　83
火花塞　14, 20, 21

J

机械增压器　27
激光焊　76, 77
激光拼焊　77
夹层玻璃　56
减振器　42

交流发电机　25, 97
节气门　22
金属带式无级变速器　32
进气道喷射　19
进气管　19, 22
进气门　13, 16
进气歧管　5, 12, 18, 22
进气系统　4, 22
警示灯　64
卷材　74
卷收器　60

K

可变气门正时系统　16
空气弹簧　45
空气滤清器　22
空气悬架　45

L

冷却水套　26
冷却液　26
离合器　28, 29
锂离子电池　95, 105
锂离子蓄电池　90
连杆　12, 14, 15
两轮驱动　6
零部件供应商　72
铝合金车轮　41
轮辐　40
轮胎　4, 5, 38, 39
轮胎花纹　38
轮辋　40
螺旋弹簧　42

M

马力　9
马斯基法案　108
麦弗逊滑柱连杆式悬架　43
镁合金车轮　41

迷你纯电动汽车　93
面漆　78, 79

N

内后视镜　61
逆变器　90, 91, 92, 95, 103
镍氢电池　105
扭矩　9, 92
扭转梁式悬架　44

P

排气管　23
排气门　13, 16
排气歧管　23
排气系统　23
排气消声器　5
配气定时　16
喷油器　18, 19
喷油系统　18
碰撞安全标准　88
平视显示器（HUD）　64

Q

气缸　12, 14, 15
气缸盖　83
气缸体　12, 82, 83
气门　13, 14, 16, 17
汽车导航系统　62, 66
汽车检验合格证　86
汽车线束　62
汽车主机厂　72, 73
汽车装备　58, 60
汽油发动机　2, 8, 9, 92
起动机　24, 99
牵引力控制系统（TRC）　68
铅蓄电池　25
前风窗洗涤器　65
前轮驱动（FWD）　6
前束角　45, 47
前照灯　63
前置后驱（FR）　4, 5, 6, 36, 37

前置前驱（FF）　6, 35
轻合金车轮　41
轻混合动力汽车　25, 97
氢能源社会　110, 111
氢气供给站　102, 111
氢气罐　102
清洁柴油发动机　101
清漆　78, 79
曲轴　13, 14, 15, 82
驱动轮　6
驱动系统　29, 34
驱动小齿轮　24
驱动轴　4, 5, 36, 37
全时四驱（AWD）　7
全拖拽臂式悬架　44

R

燃料电池　102, 103, 104, 111
燃料电池汽车　3, 8, 102, 111
燃料罐　18, 19
燃料过滤器　18, 19
蠕变现象　30

S

散热器　26
生命周期评估（LCA）　106, 107
手动变速器（MT）　28, 29
双叉臂式悬架　43
双顶置凸轮轴（DOHC）　17
双离合器自动变速器（DCT）　33
水套　13
四冲程发动机　14
四轮驱动（4WD）　6, 7

T

太阳轮　31
炭罐　18
凸轮　13, 16
凸轮轴　13, 14, 17, 83
托马斯·爱迪生　3
拖拽臂式悬架　44

W

外观检查　86
外后视镜　61
外倾角　45
往复式发动机　12, 15
稳定器　42
涡轮　30
涡轮增压器　27
无骨雨刷　65
无级变速器（CVT）　32
无框车门　55
无内胎轮胎　39
无人驾驶汽车　112
无人驾驶自卸卡车行驶系统　113

X

线控转向系统　47
消声器　23
小排量涡轮增压技术　70
泄气保用轮胎　39
行星齿轮　30, 31
行星架　31
蓄电池　24, 25, 90, 92, 93, 94, 95, 102
悬架　4, 42, 43, 44, 45
悬架臂　42
雪地轮胎　39

Y

压盘　29
液力变矩器　30
仪表　62, 64
仪表板　59, 81, 85
油底壳　12

雨刷器　62, 65
预张紧器　60

Z

再生制动　93, 95
再生制动系统　95
增程式混合动力汽车　97
增压器　27
蒸汽机　2
正时皮带（正时链条）　14, 15, 17, 83
指示灯　64
制动器　50, 51
智能交通系统（ITS）　114
中控台　59
中涂工序　78, 79
中心电极　21
中置后驱（MID）　6
主动安全系统　68
注塑成型　85
驻车制动系统　50, 51
铸造　83
转向横拉杆　46, 47
转向节　37, 47
转向盘　4, 46
转向器　46, 47
转向系统　46
转向轴　46
自动变速器（AT）　30, 31
自动泊车辅助系统　112
自动防撞系统　68, 69
总装线　73, 80, 81
座椅　4, 60, 81
座椅调节机构　60